THE ISLANDERS

GLI ISOLANI

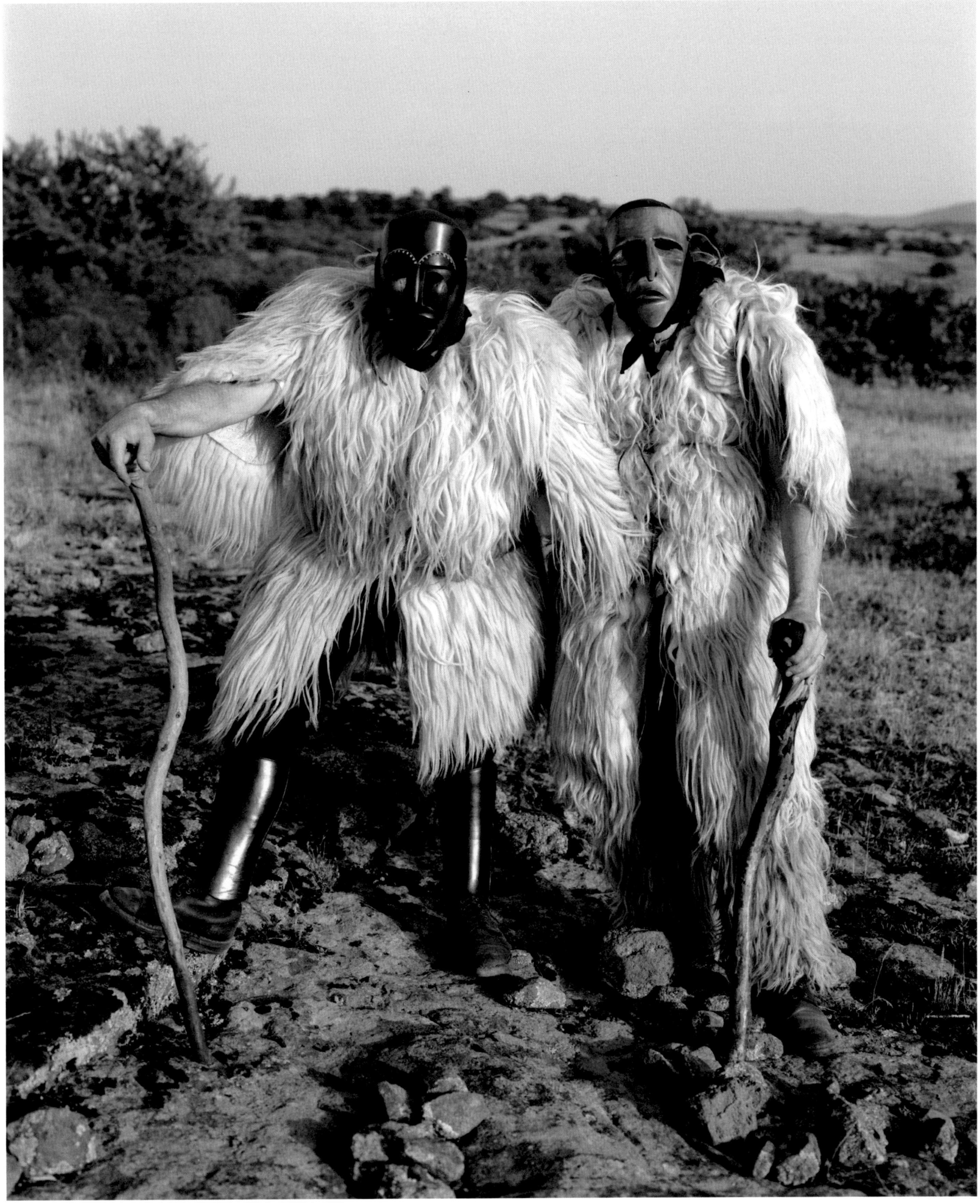

THE ISLANDERS

GLI ISOLANI

ALYS TOMLINSON

GOST

I cast out demons.

I calm the storms.

I call to the living.

I cry for the dead.

Scaccio i demoni.

Acquieto le tempeste.

Chiamo i vivi.

Piango i morti.

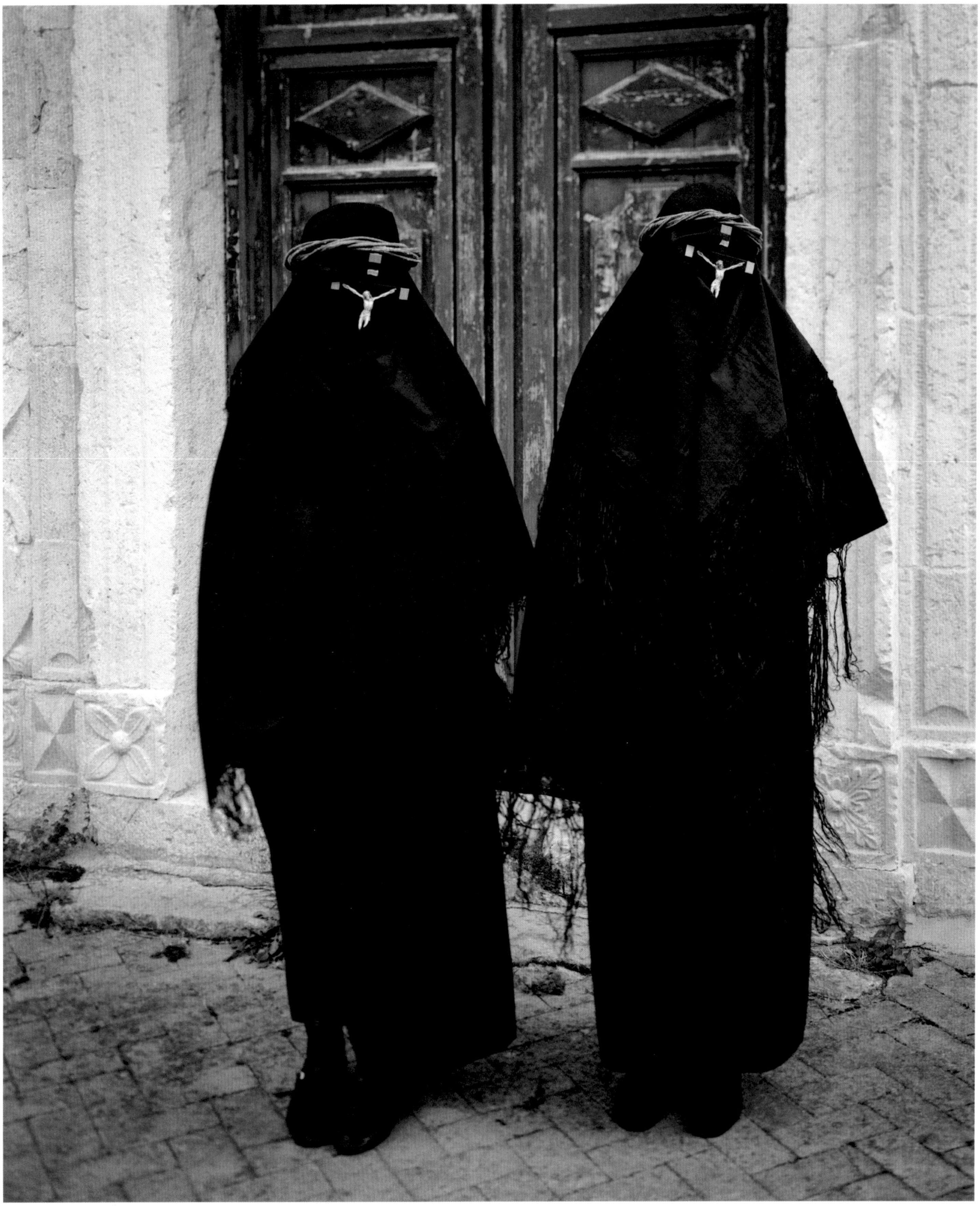

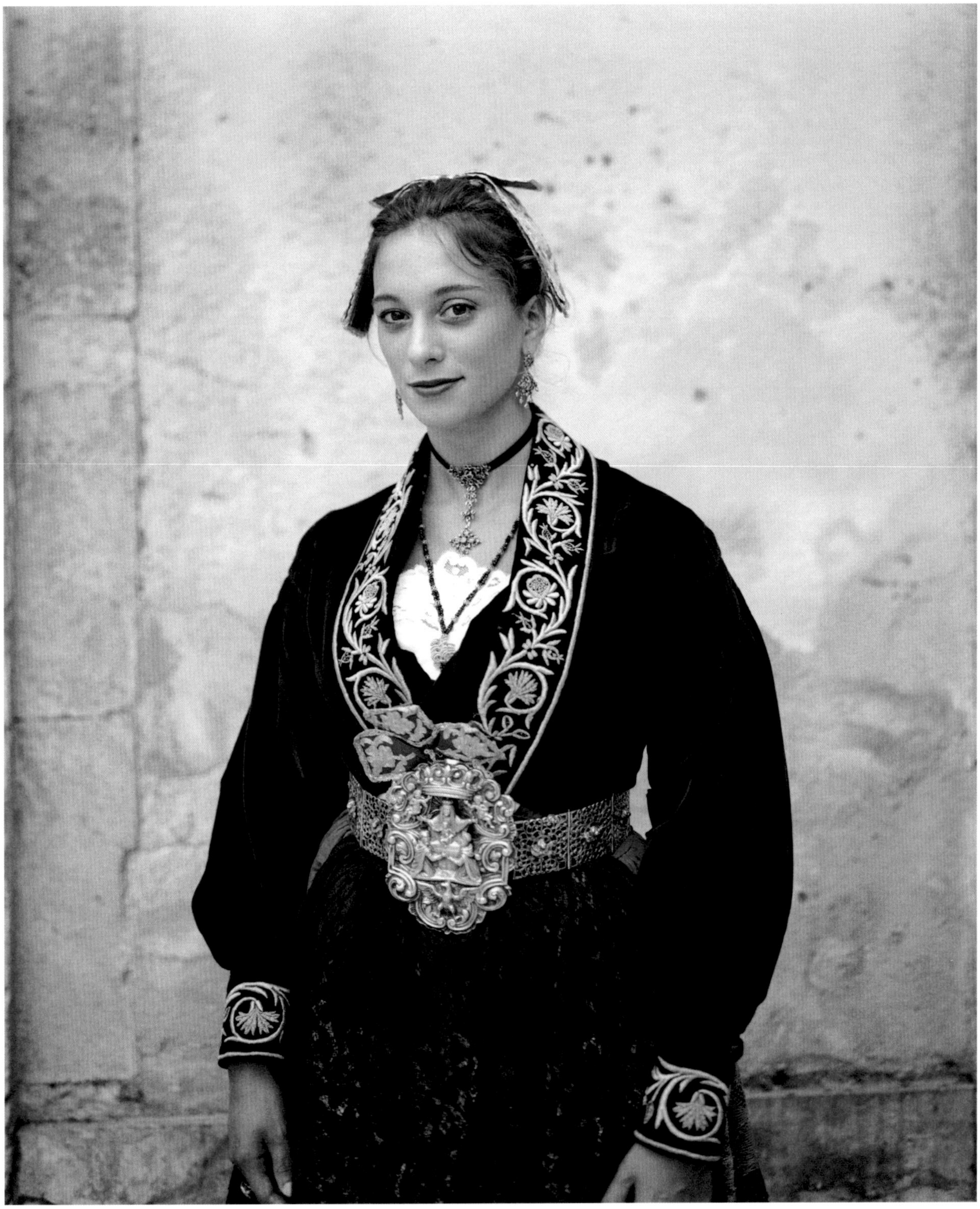

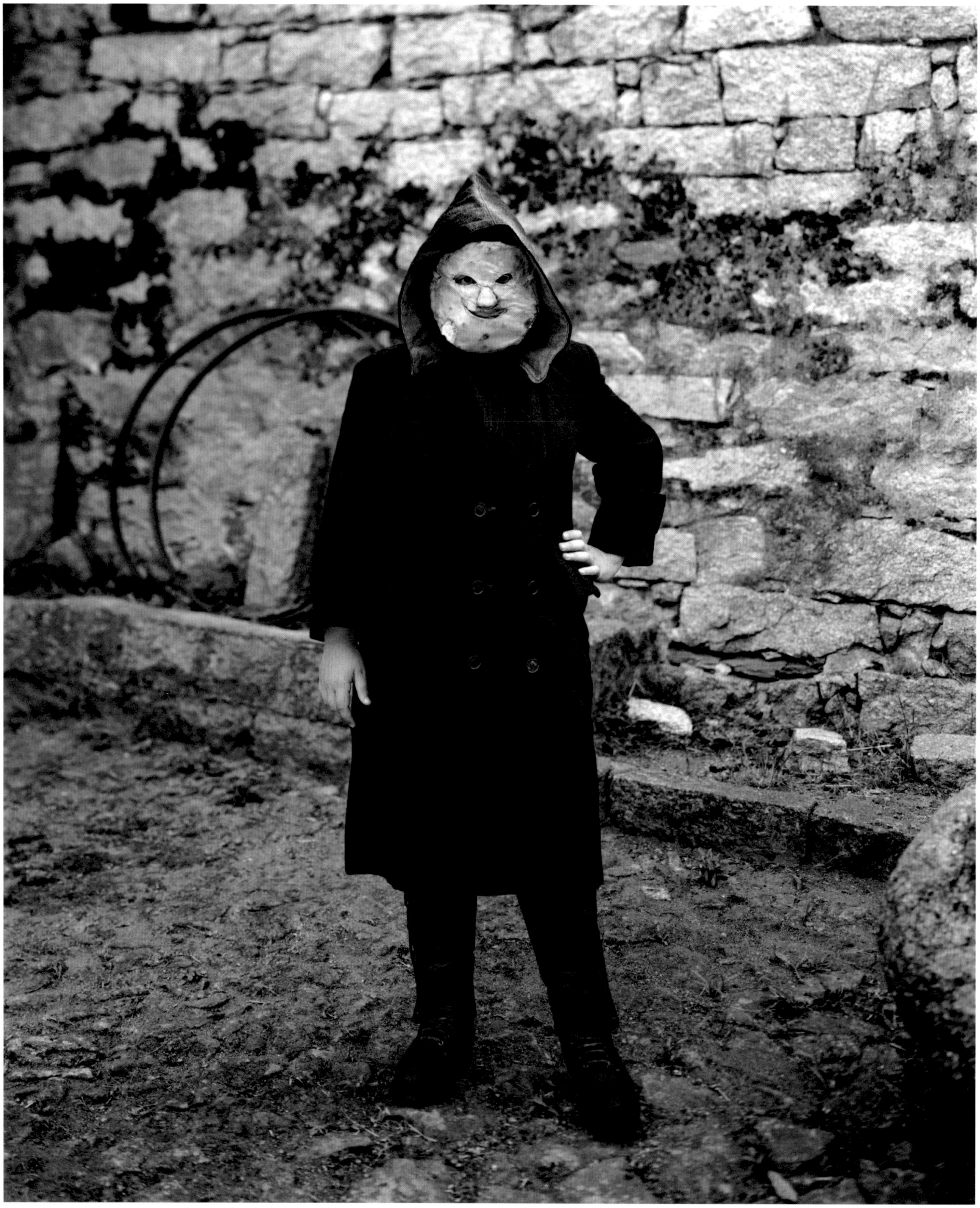

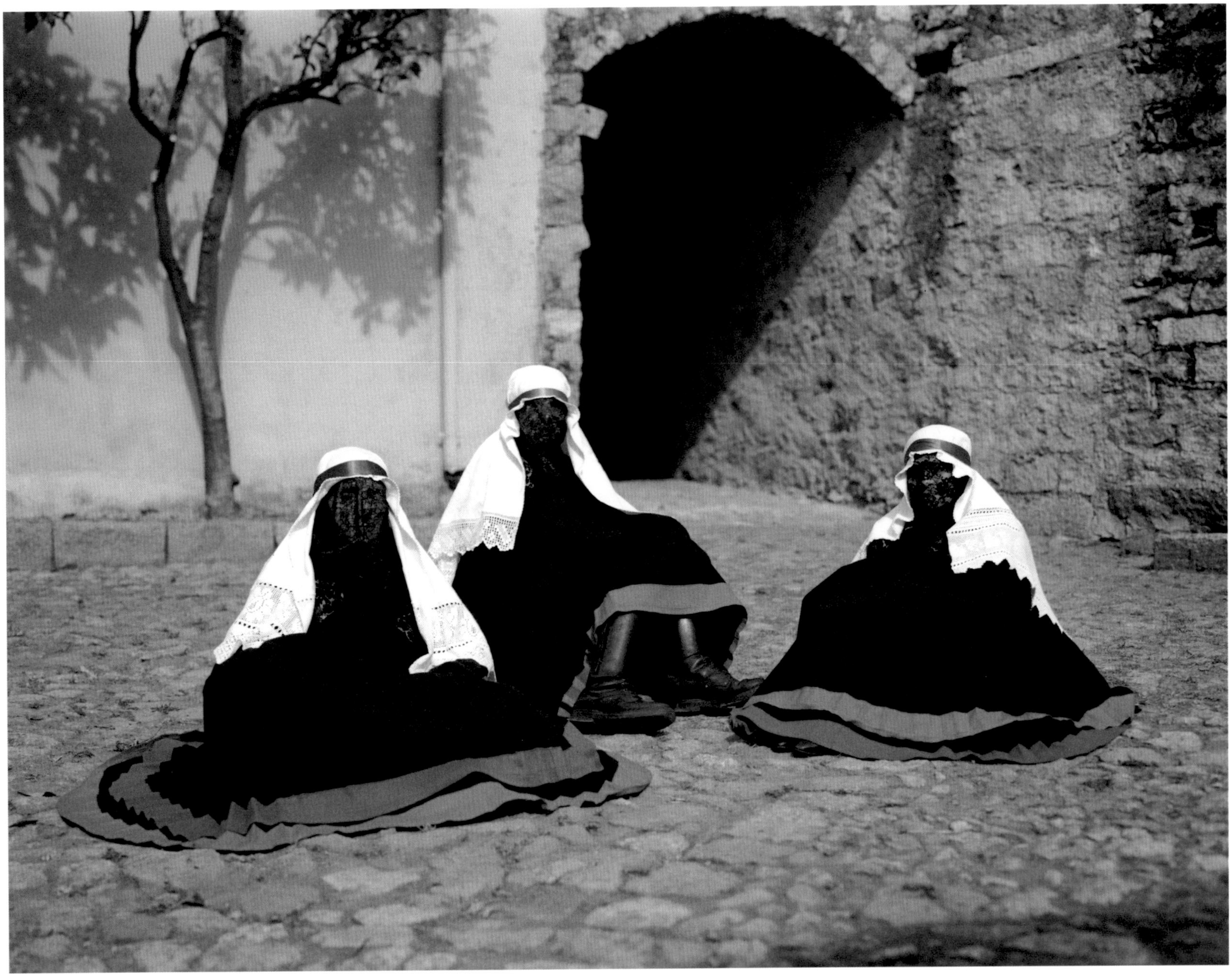

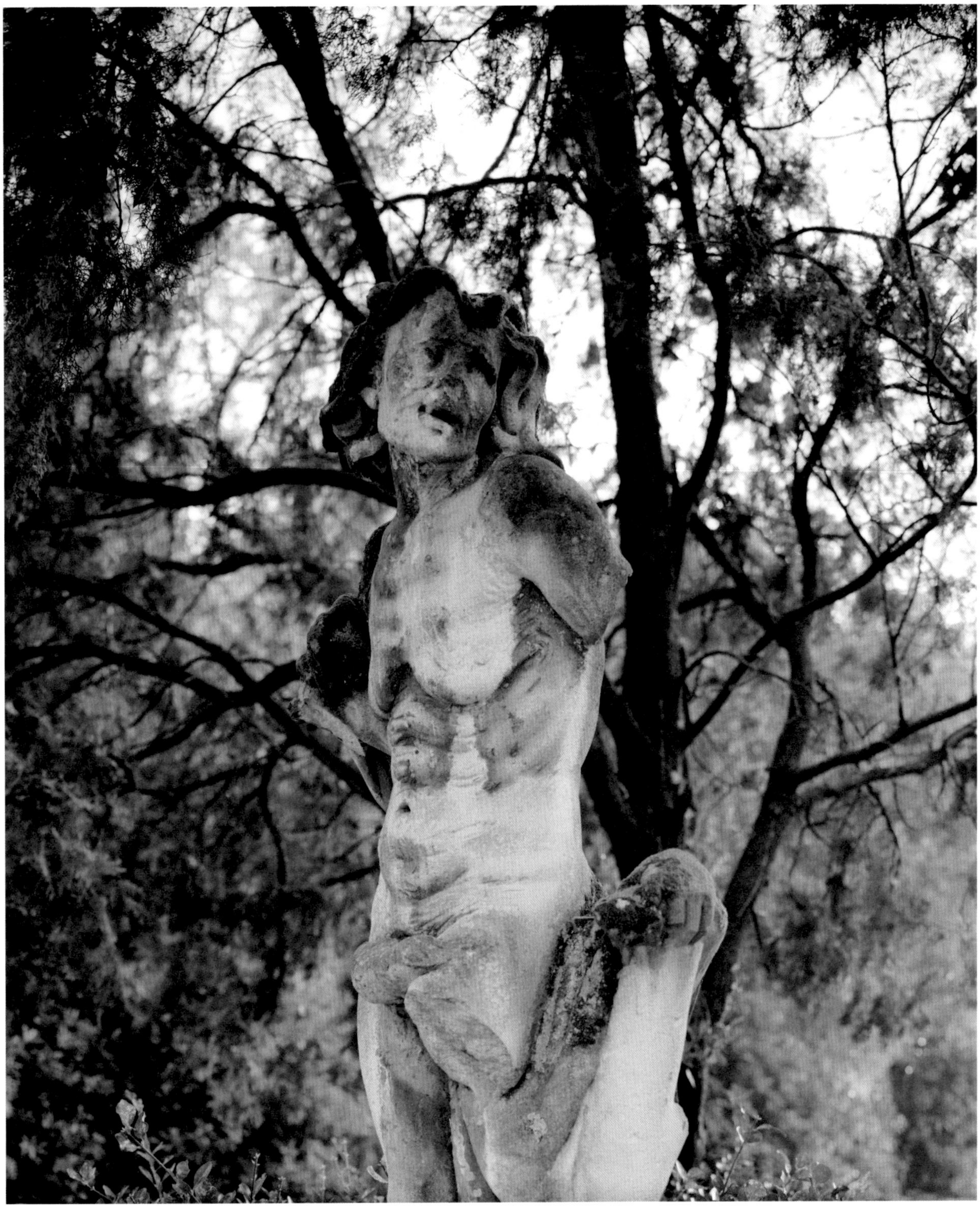

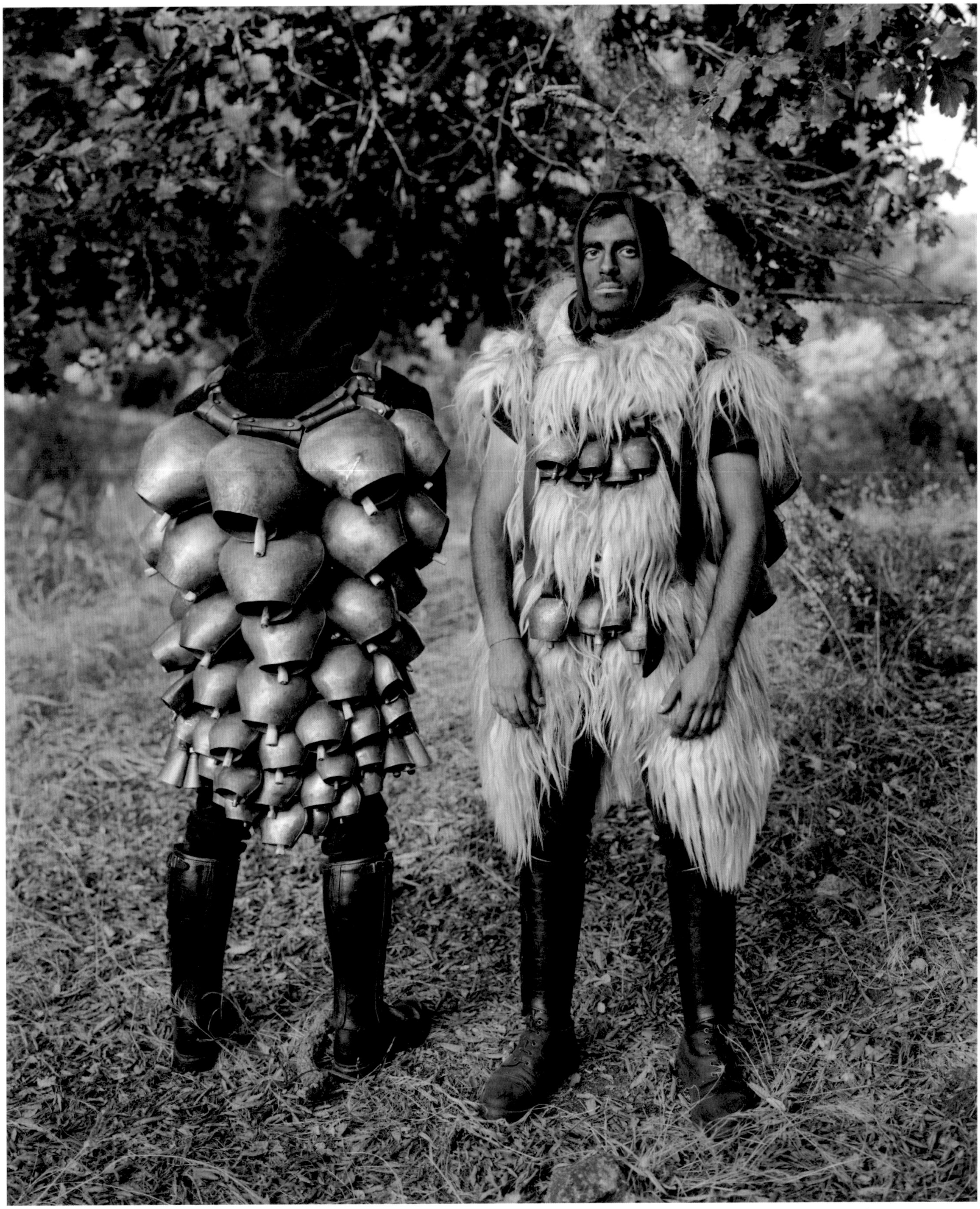

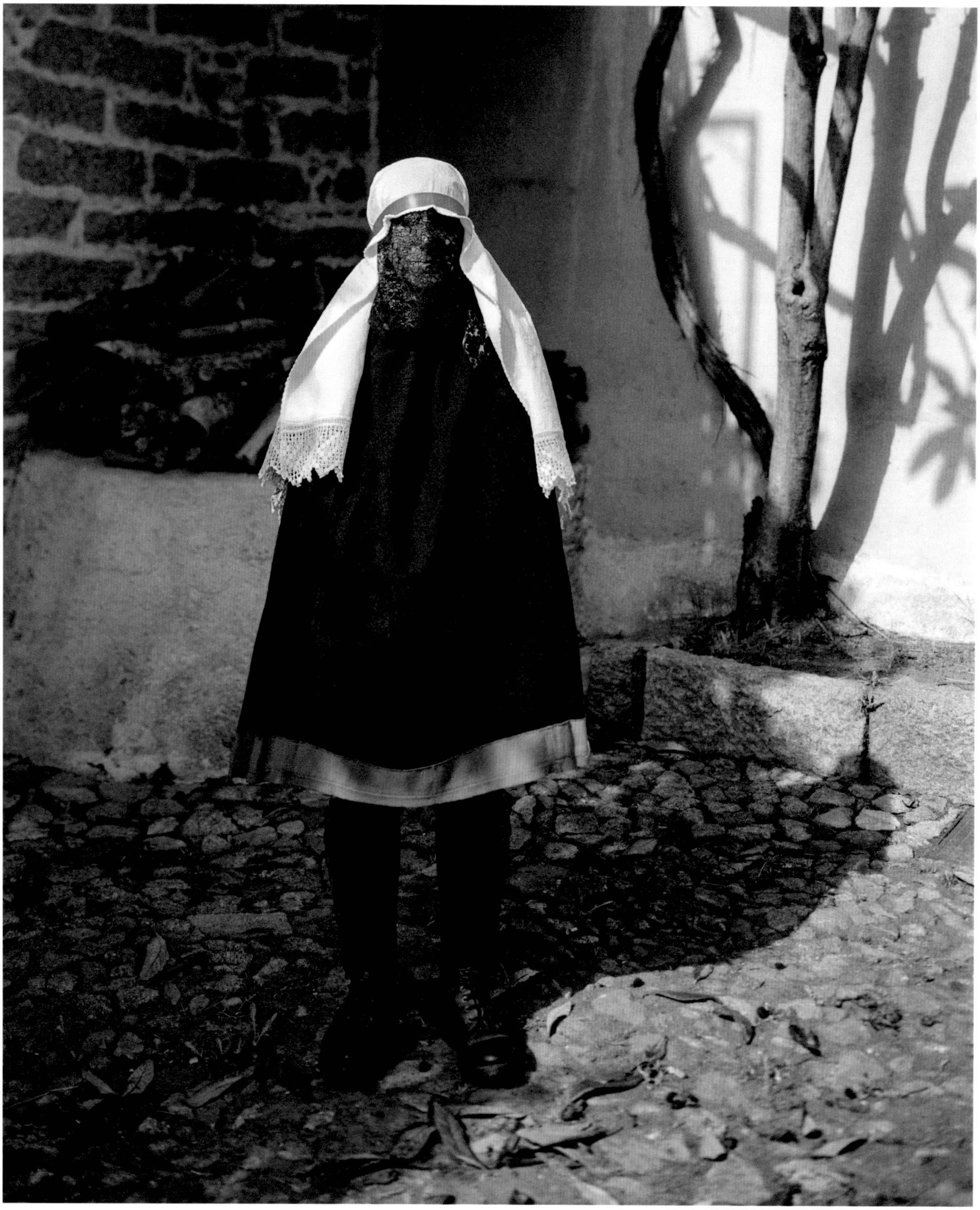

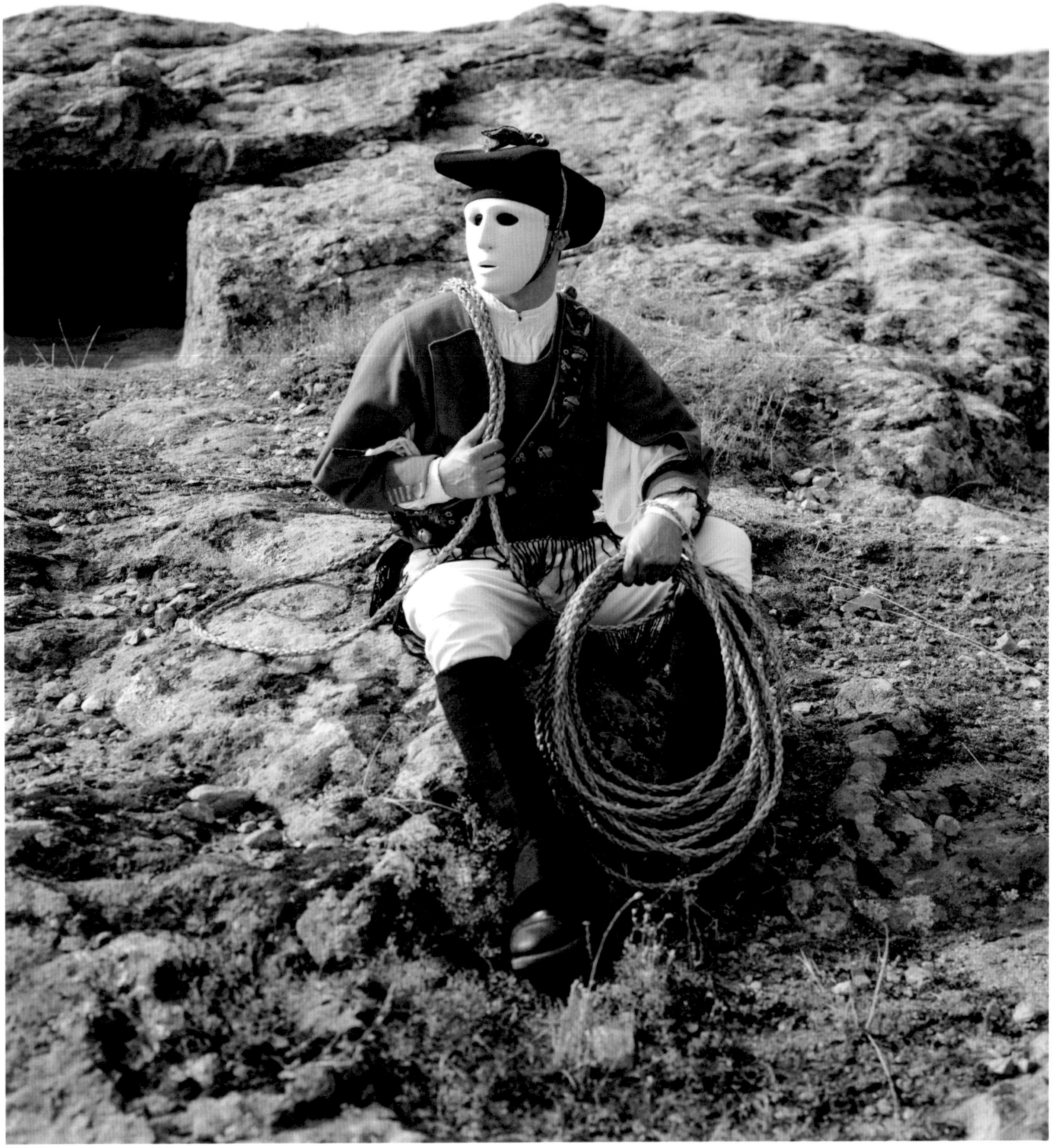

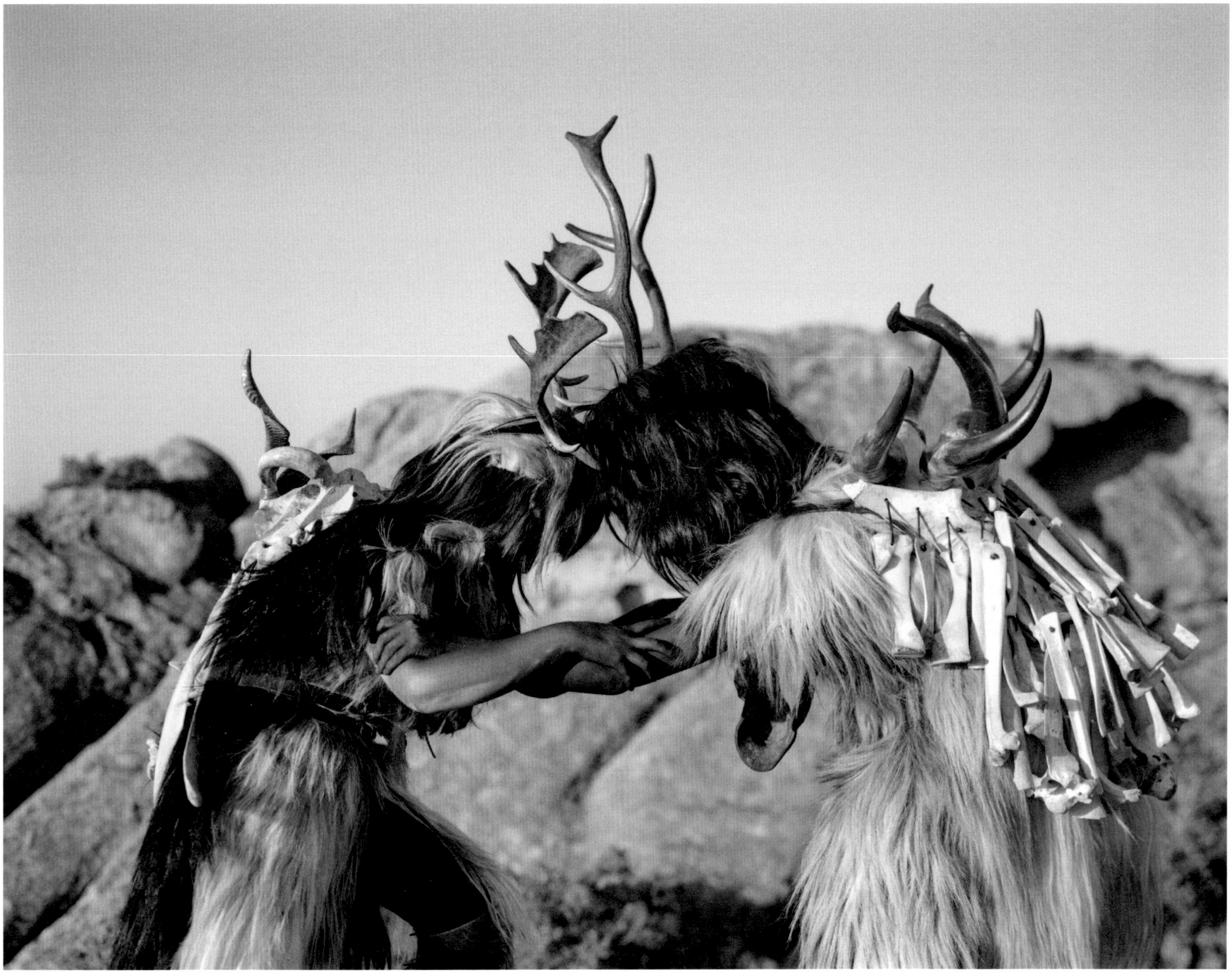

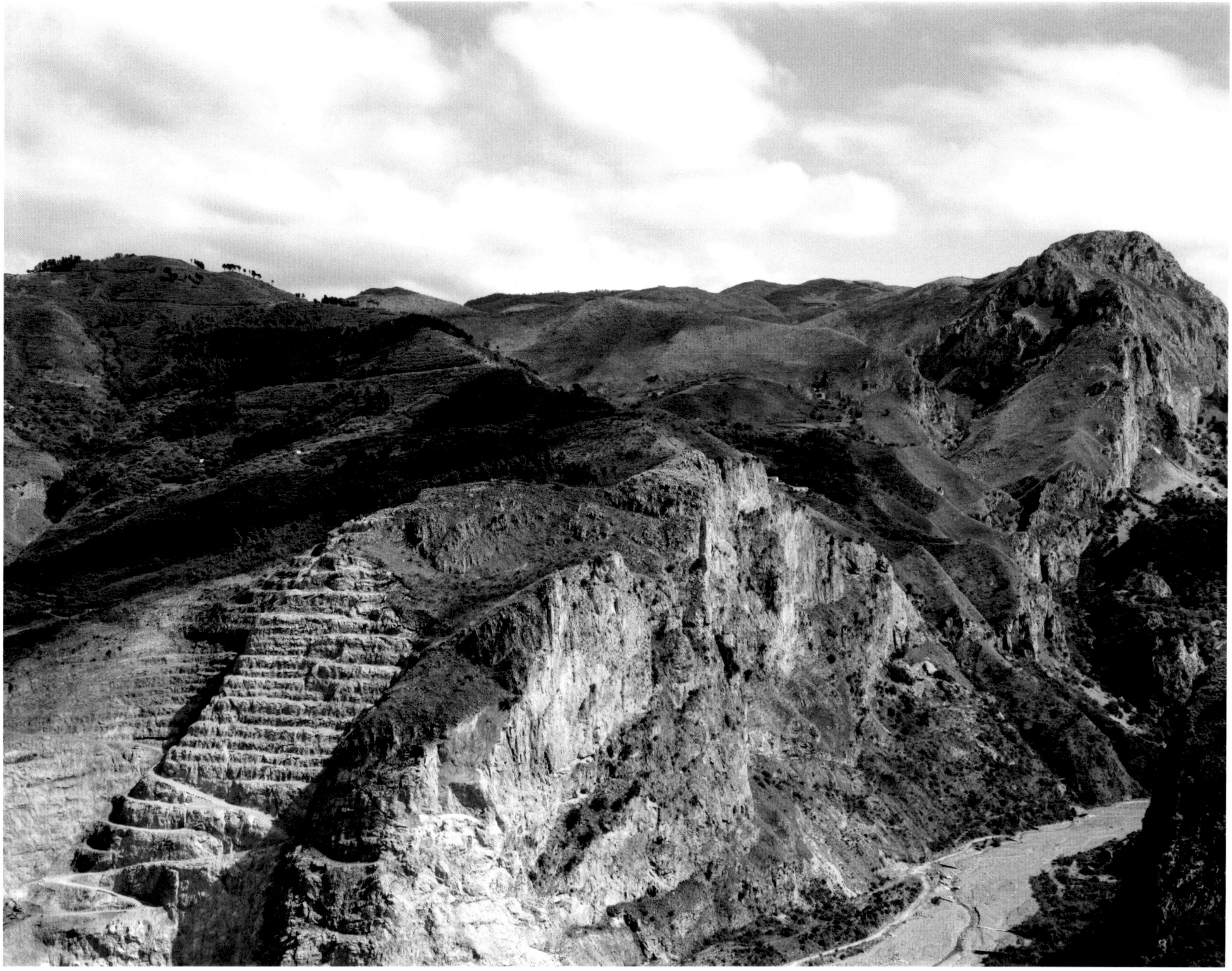

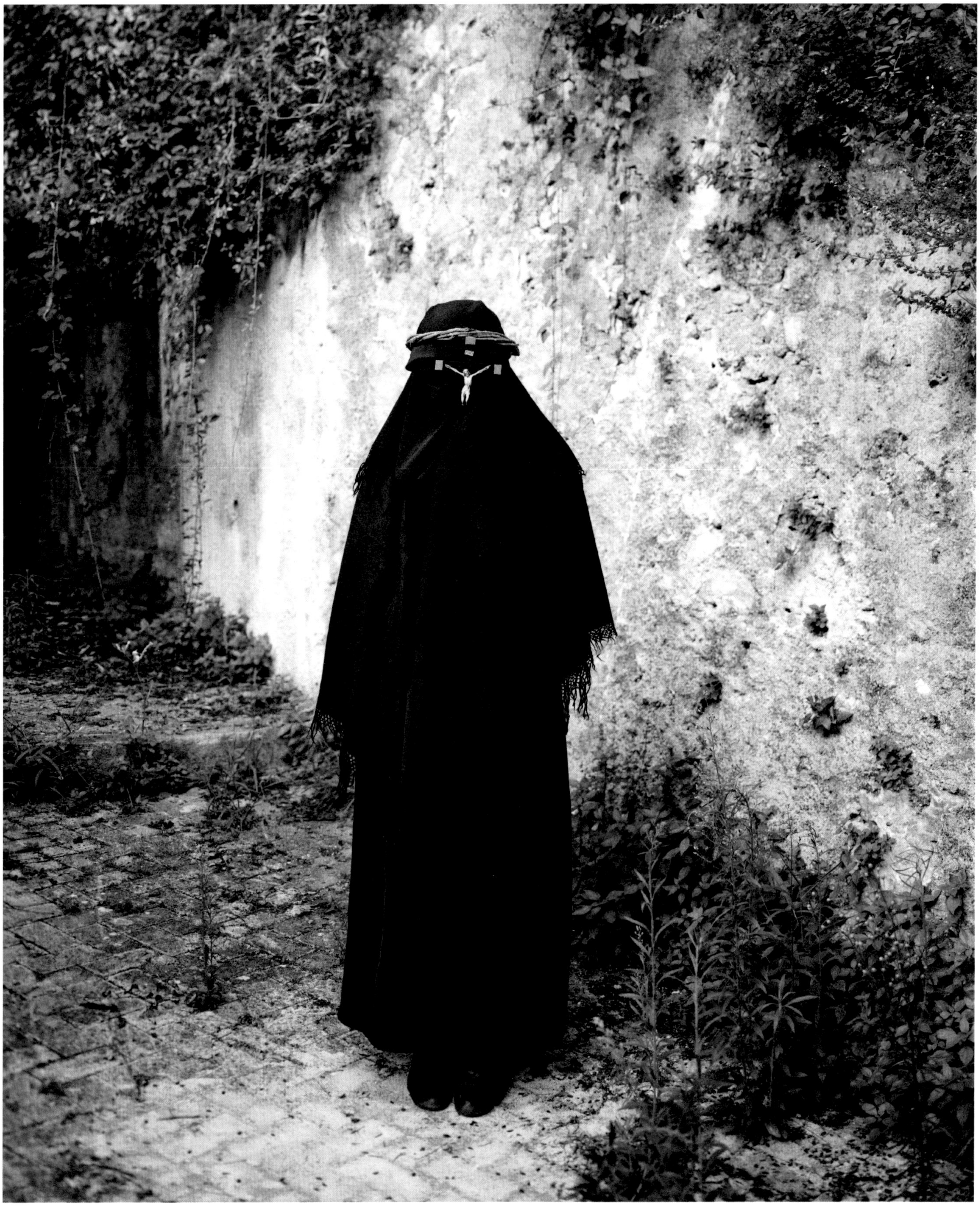

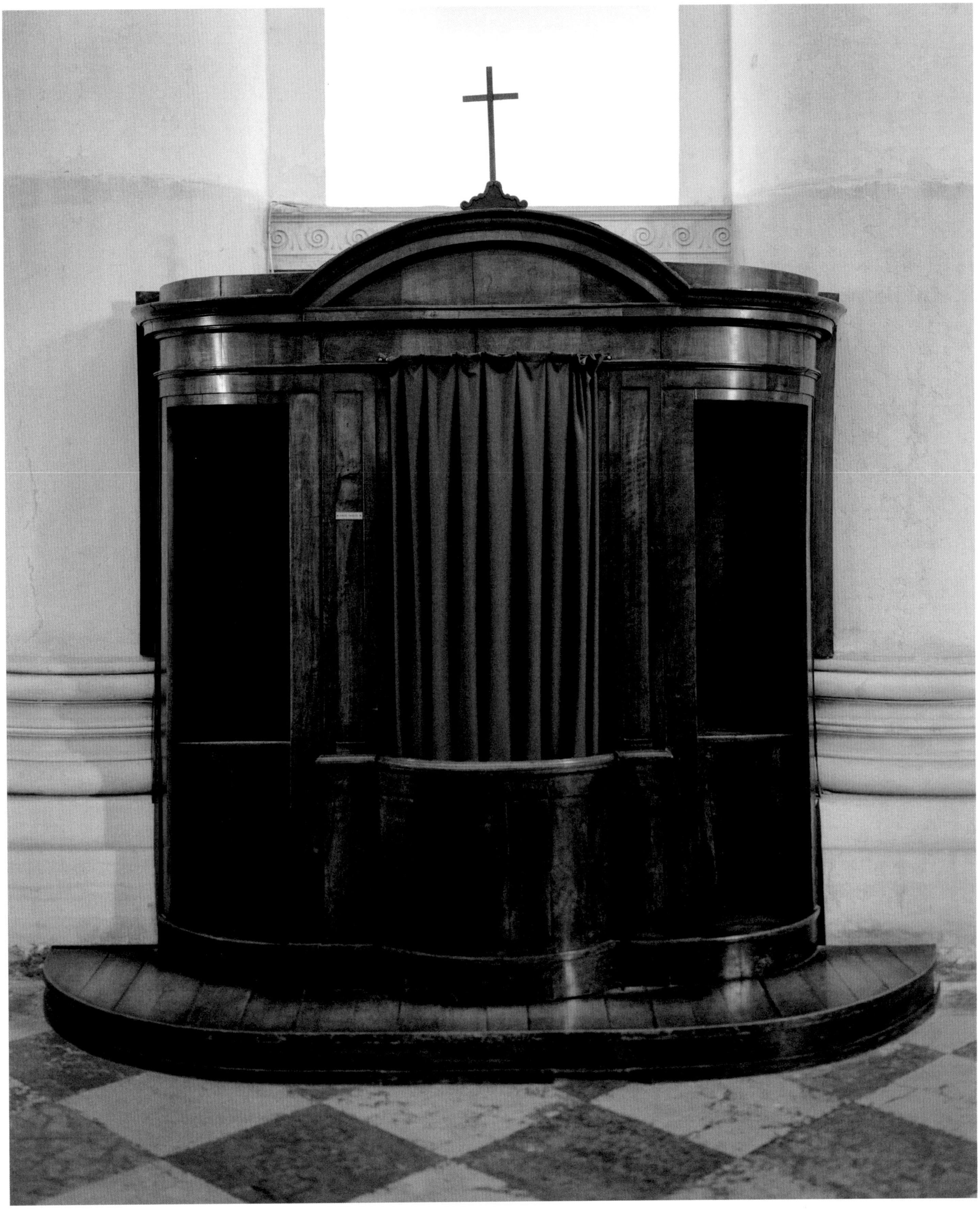

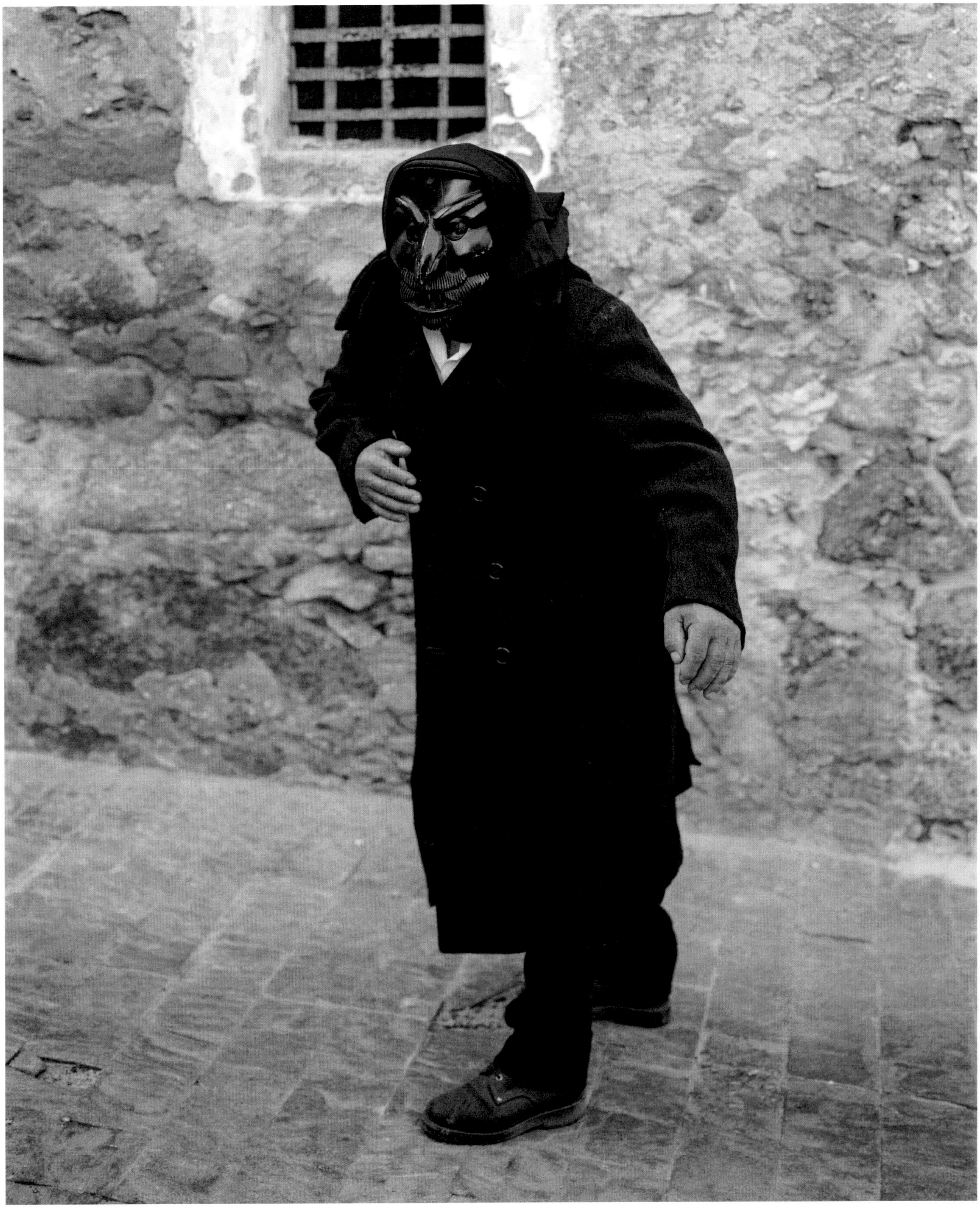

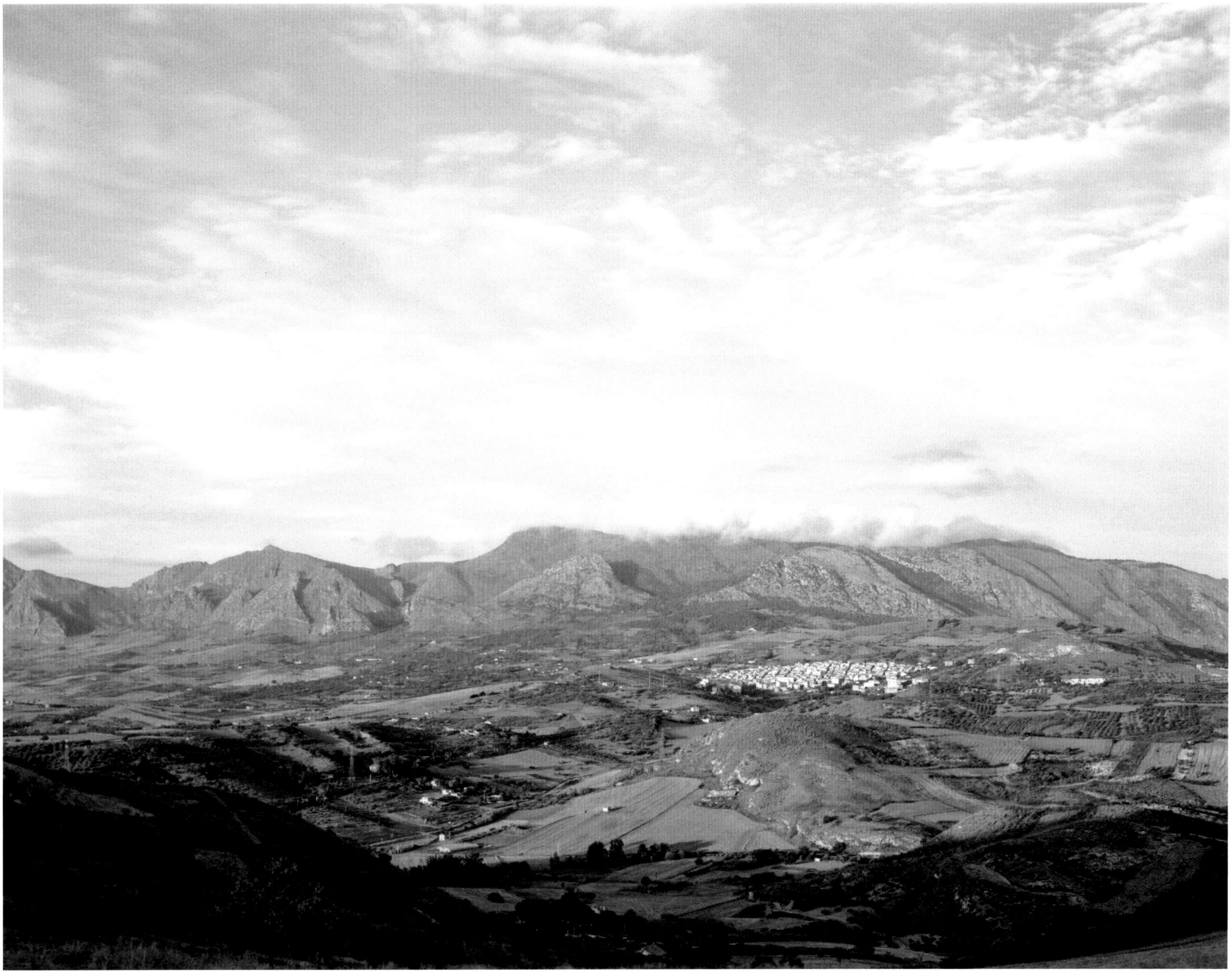

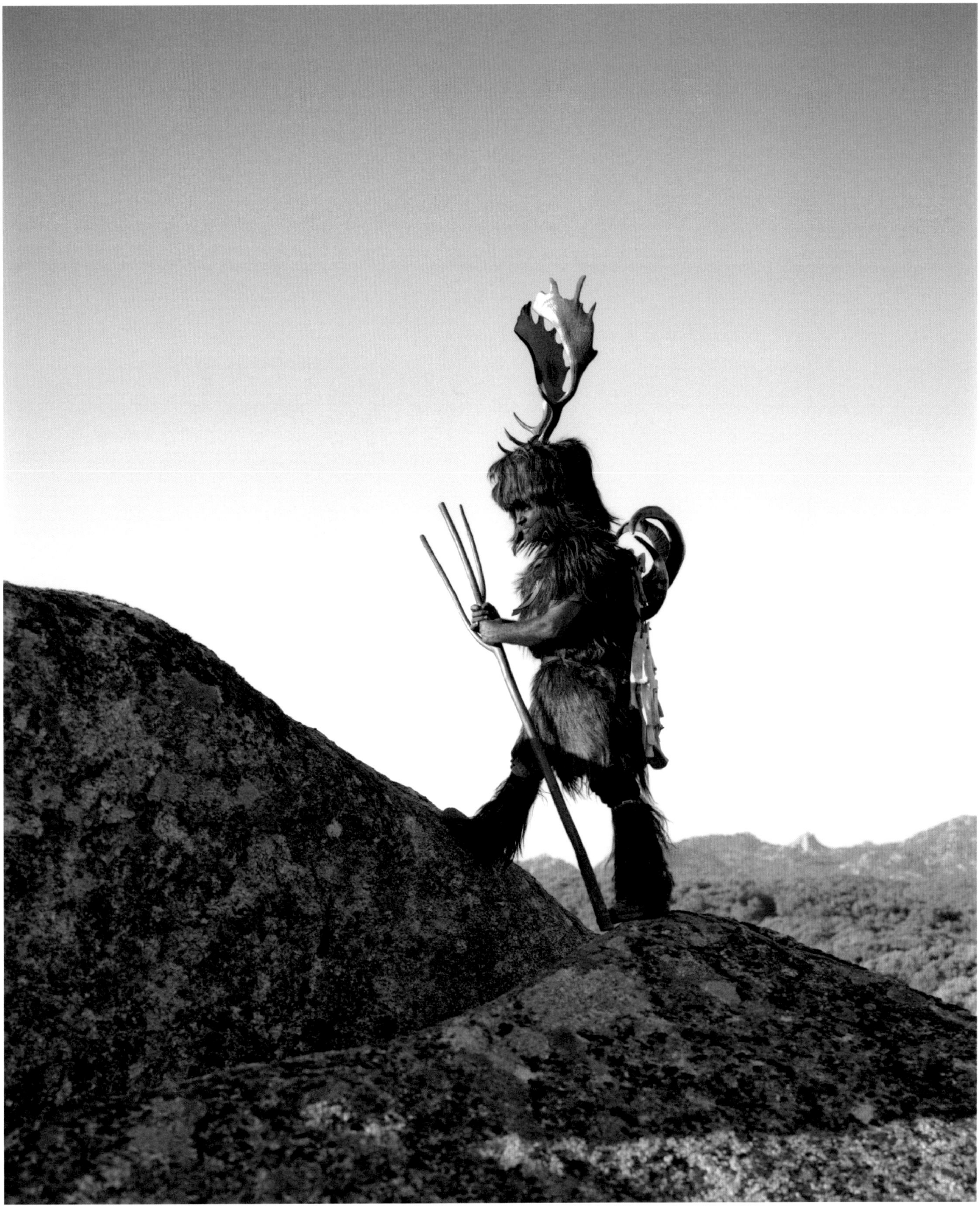

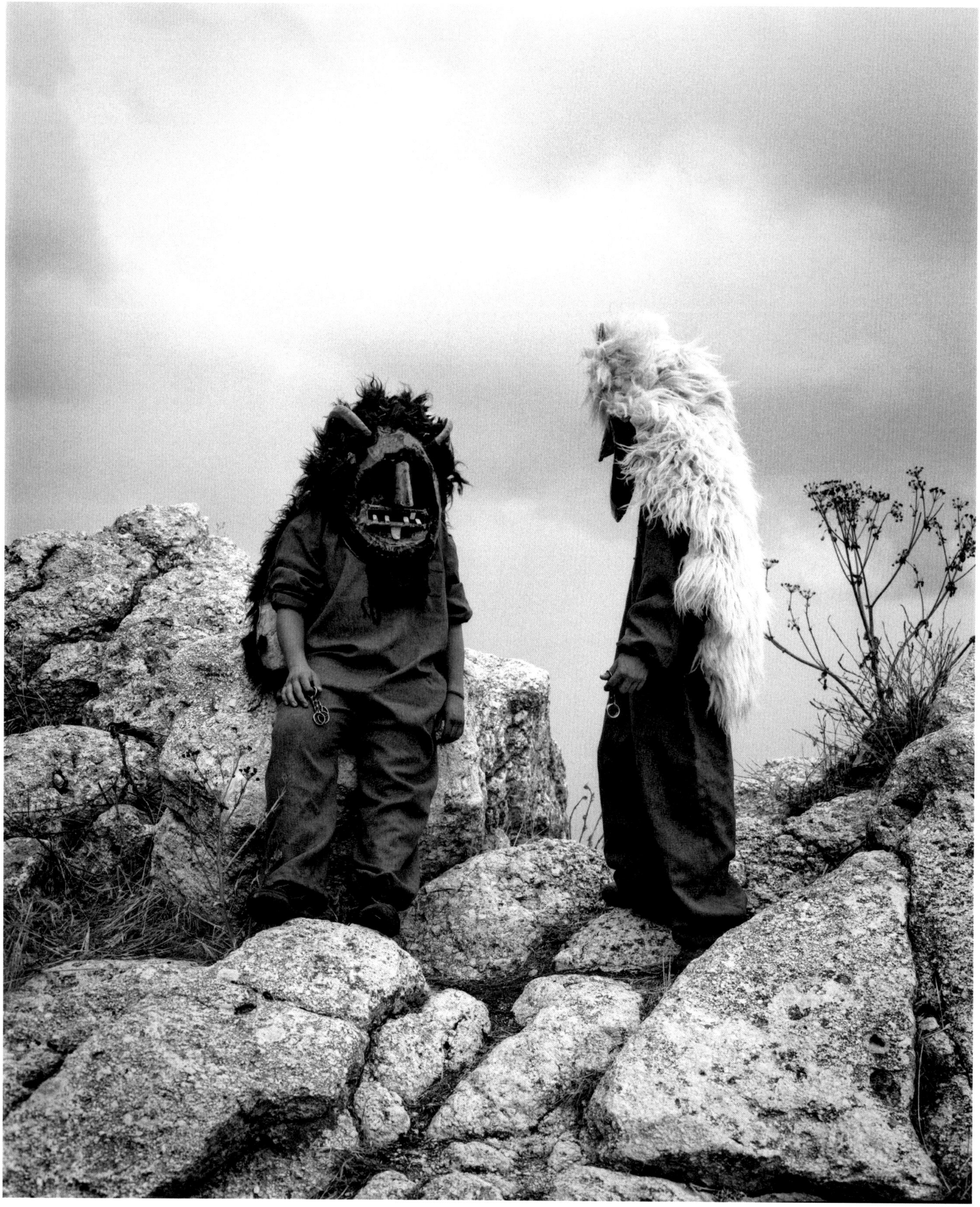

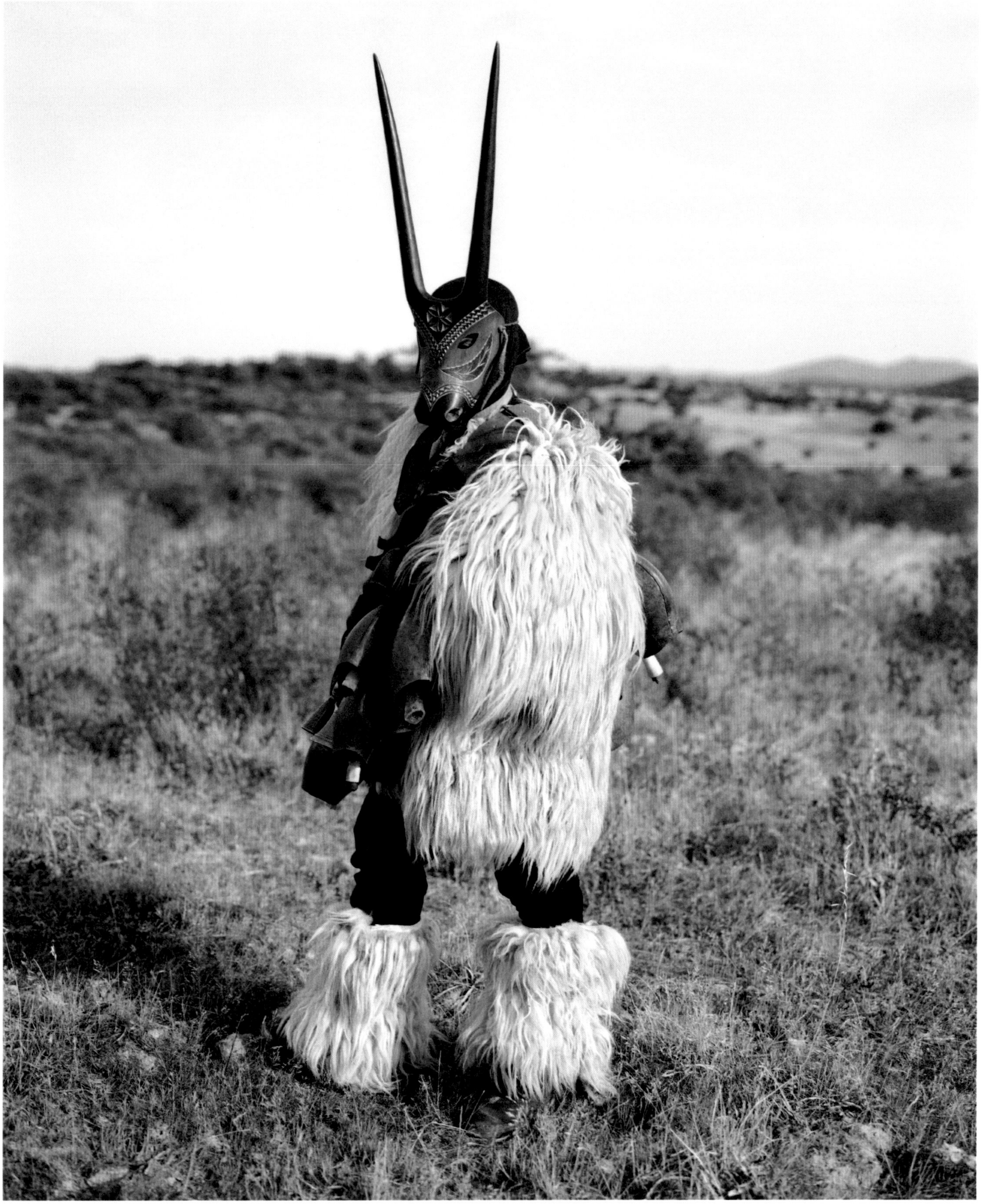

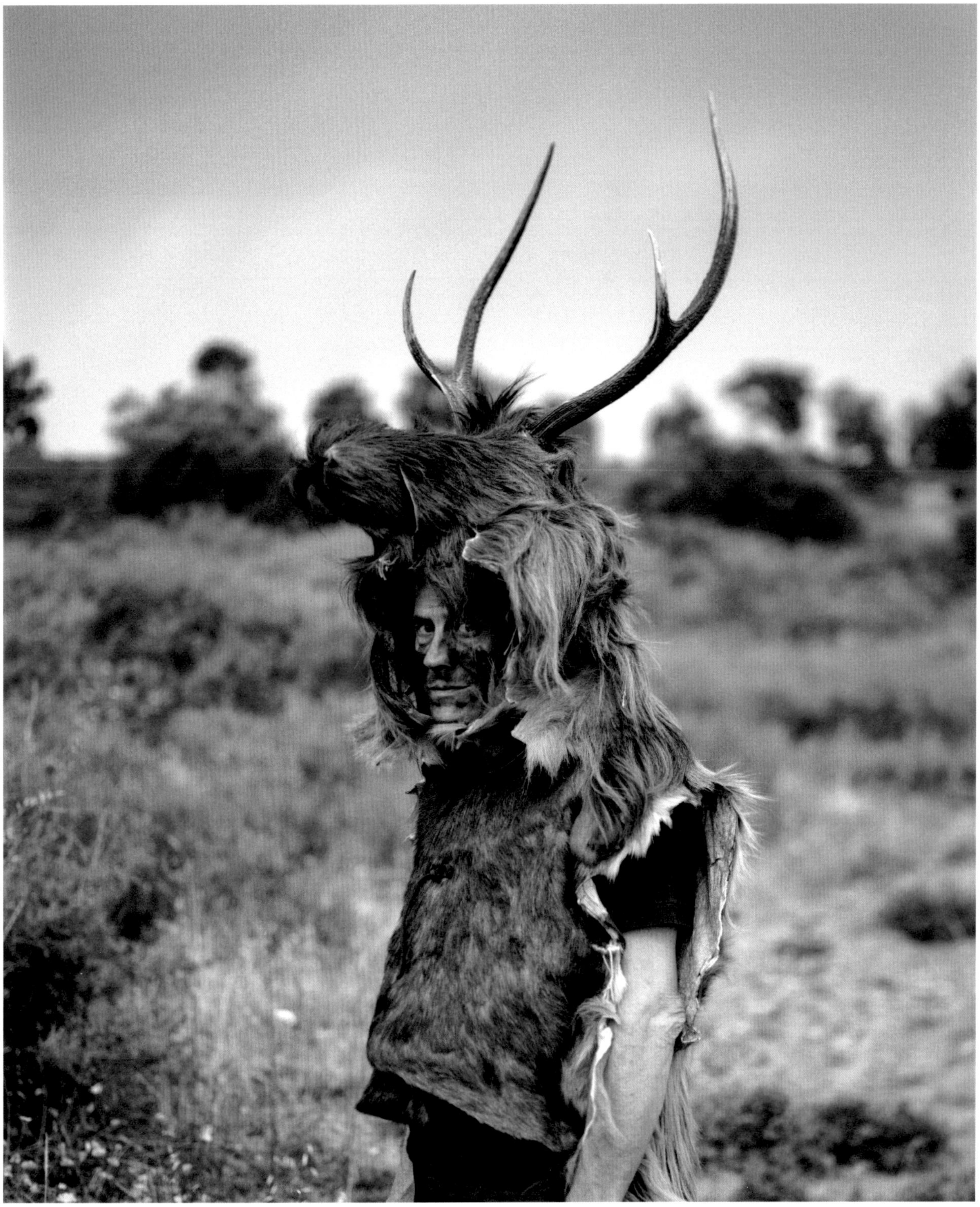

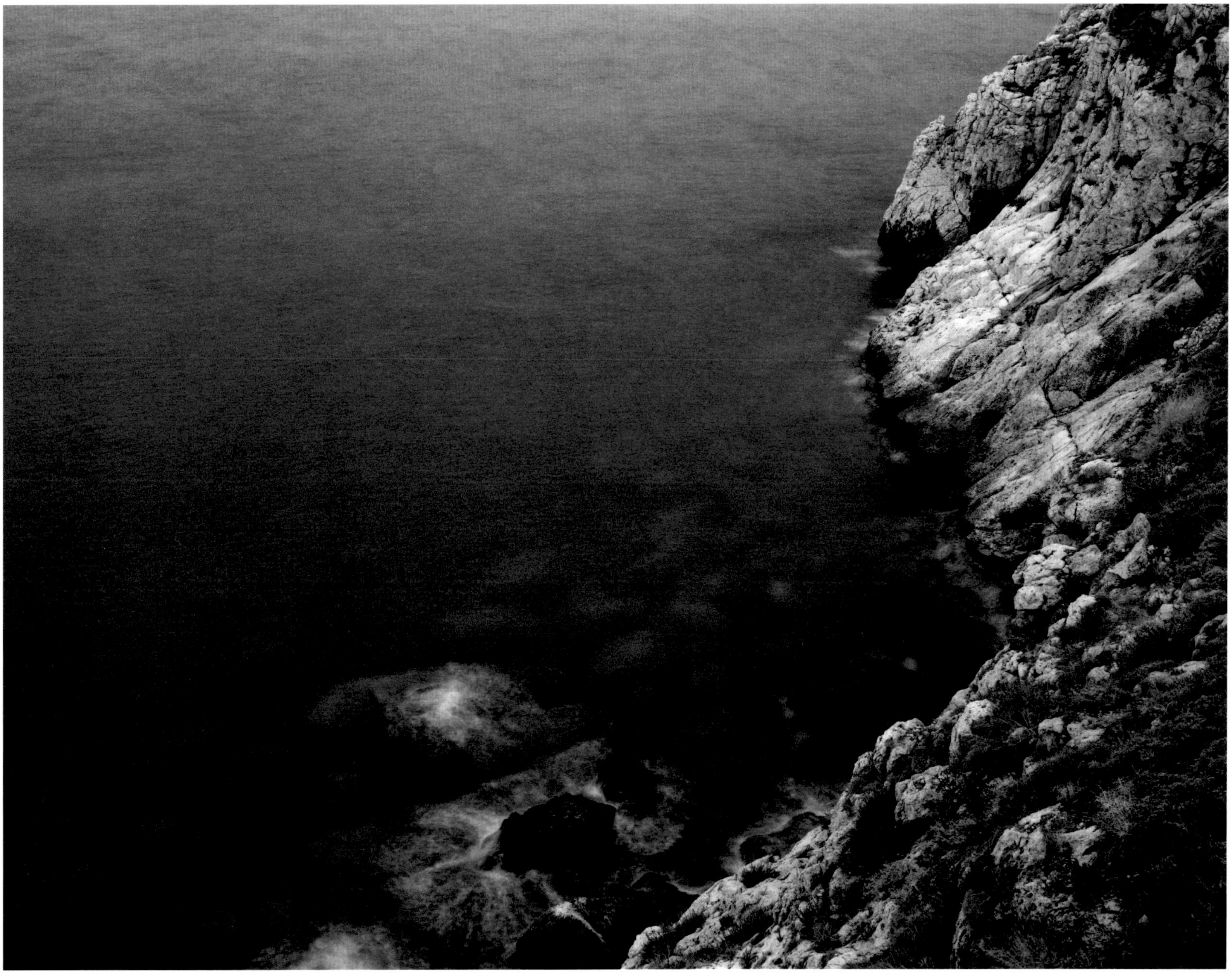

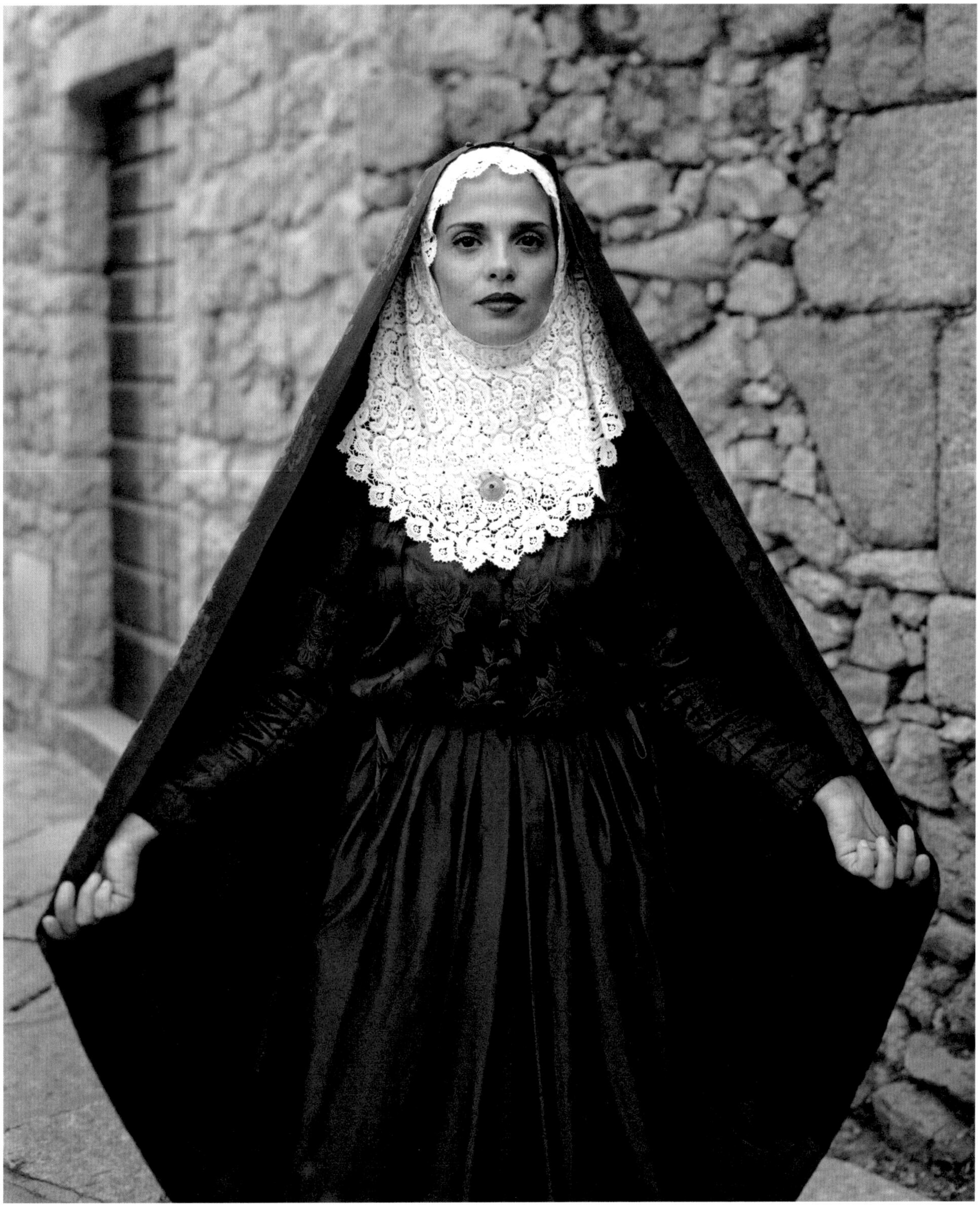

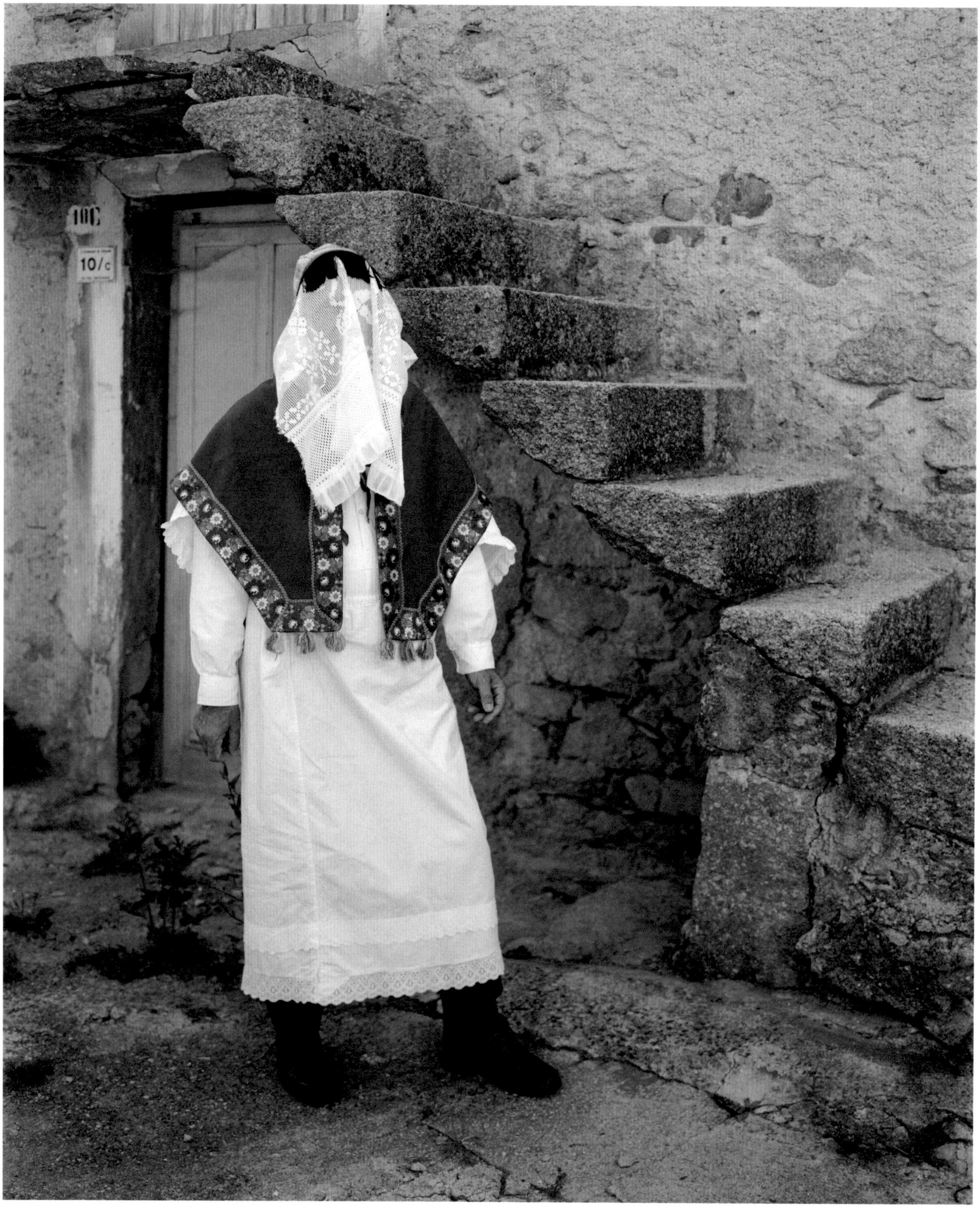
10C
10/c

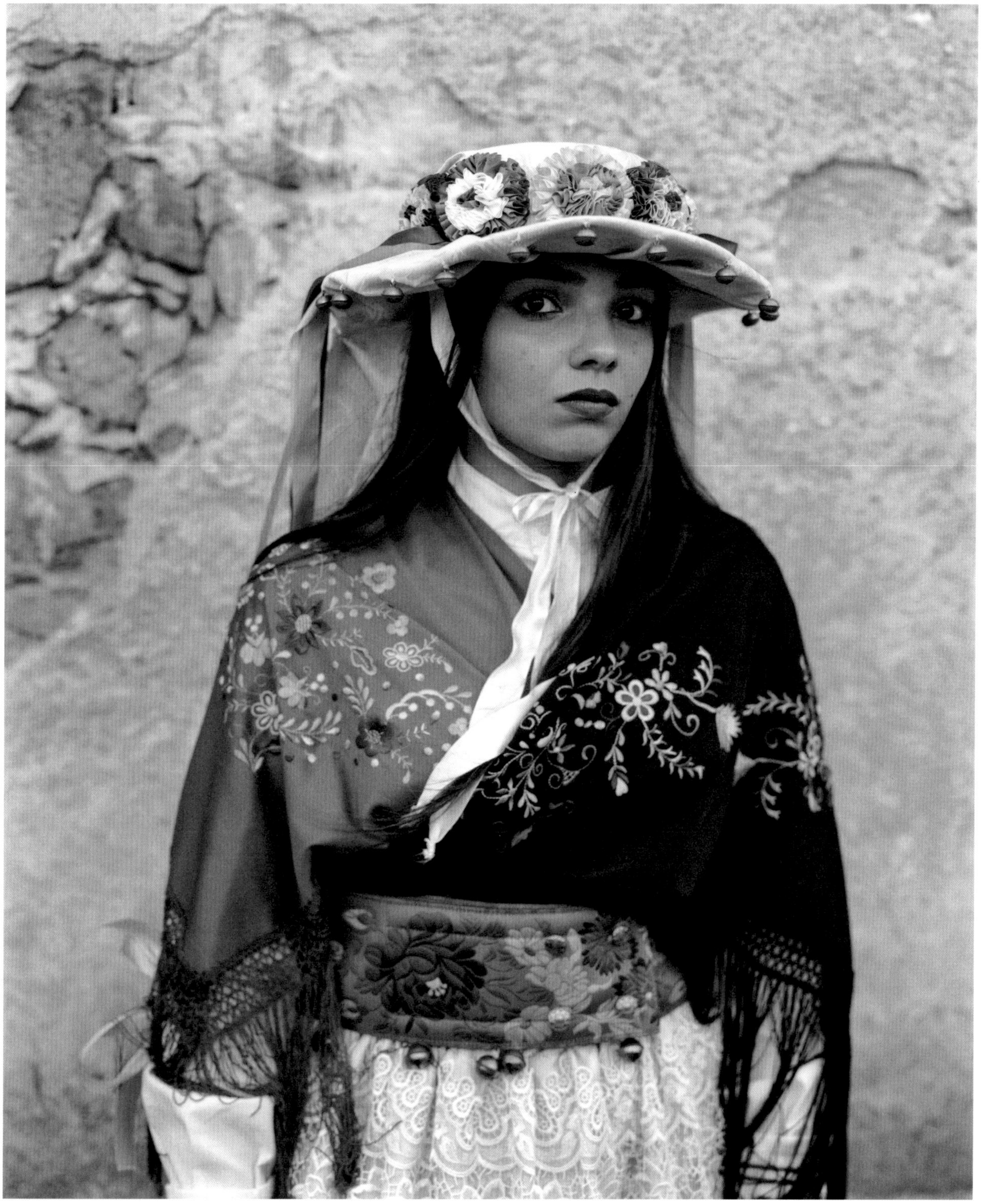

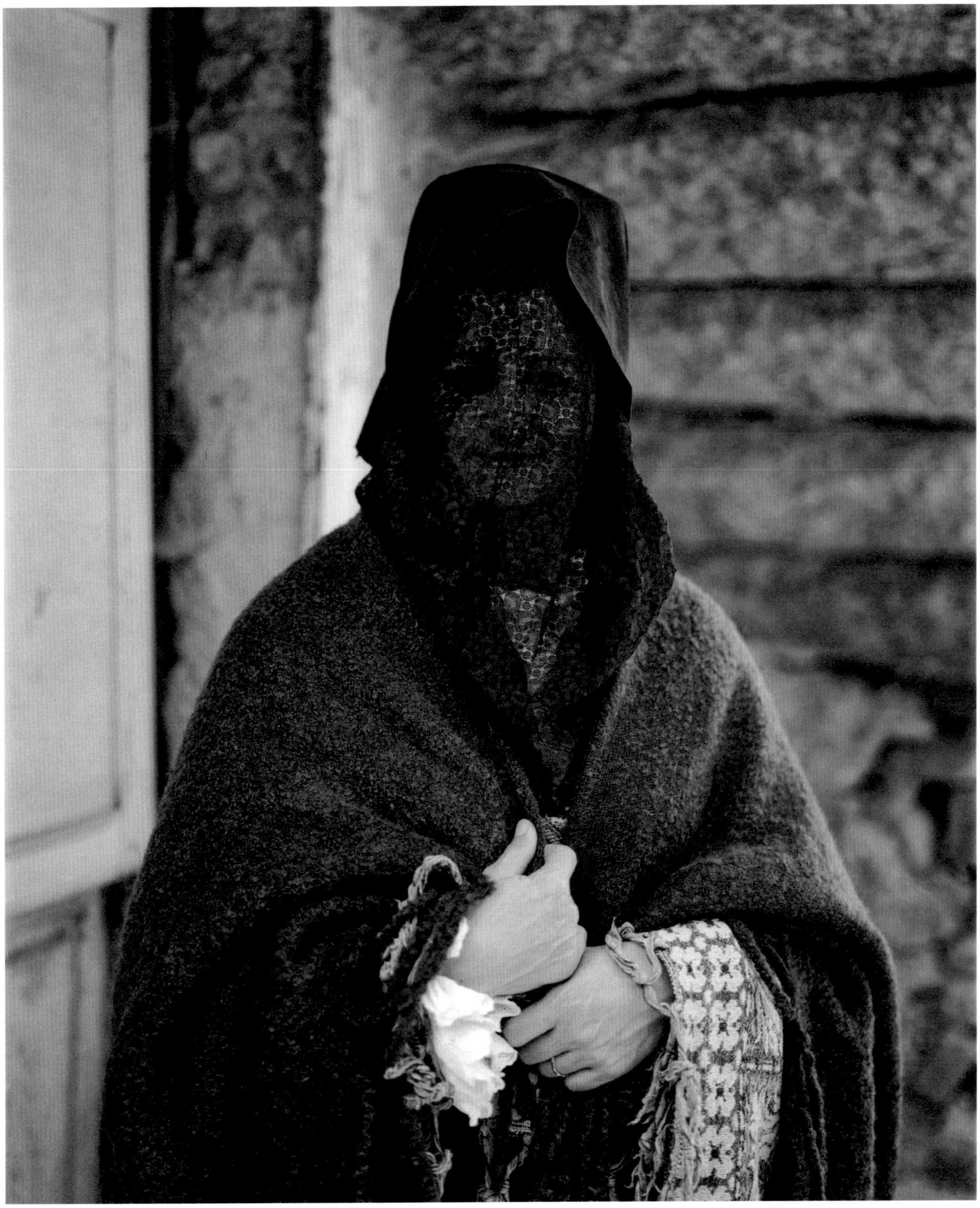

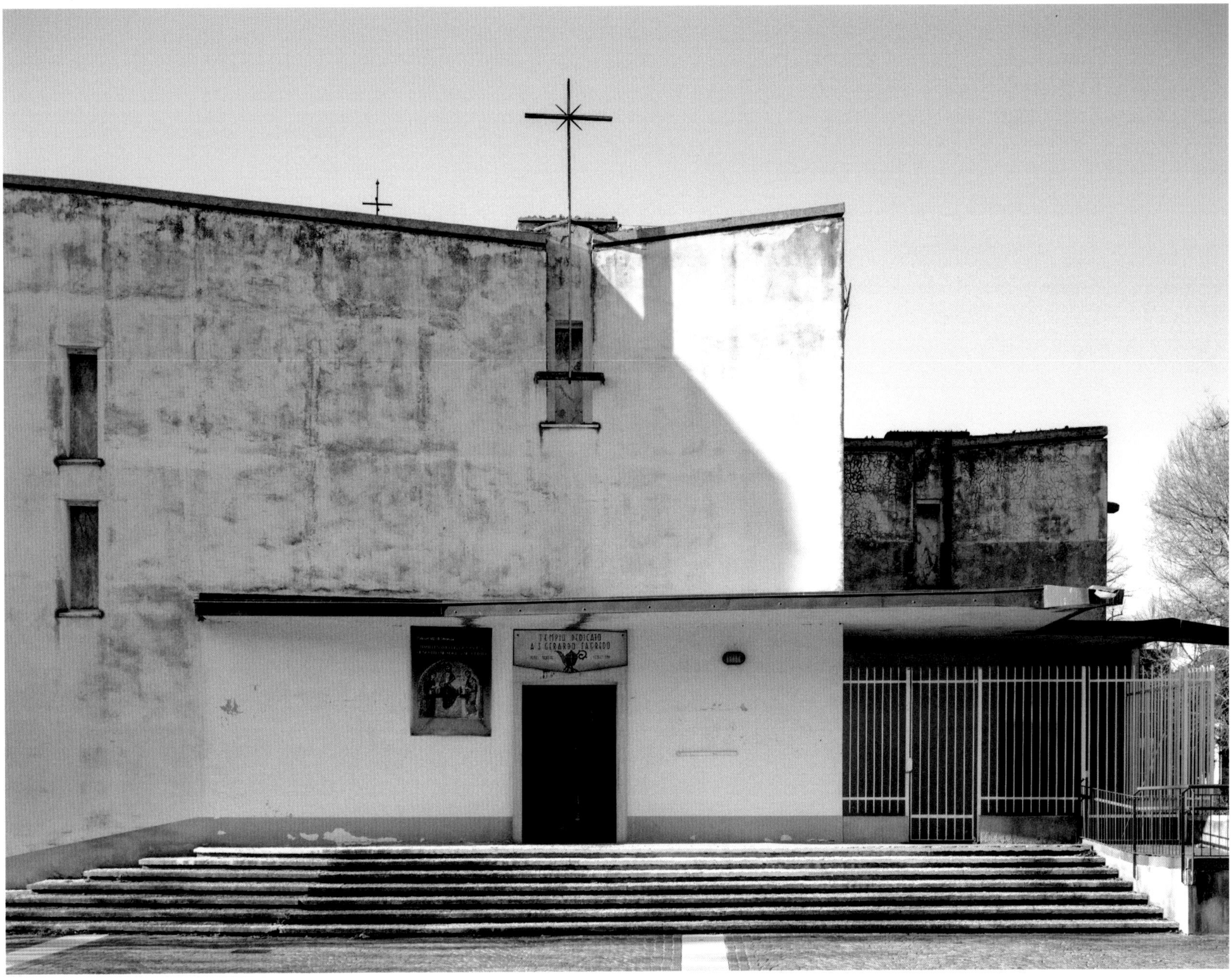
TEMPIO DEDICATO
A S. GERARDO SAGREDO

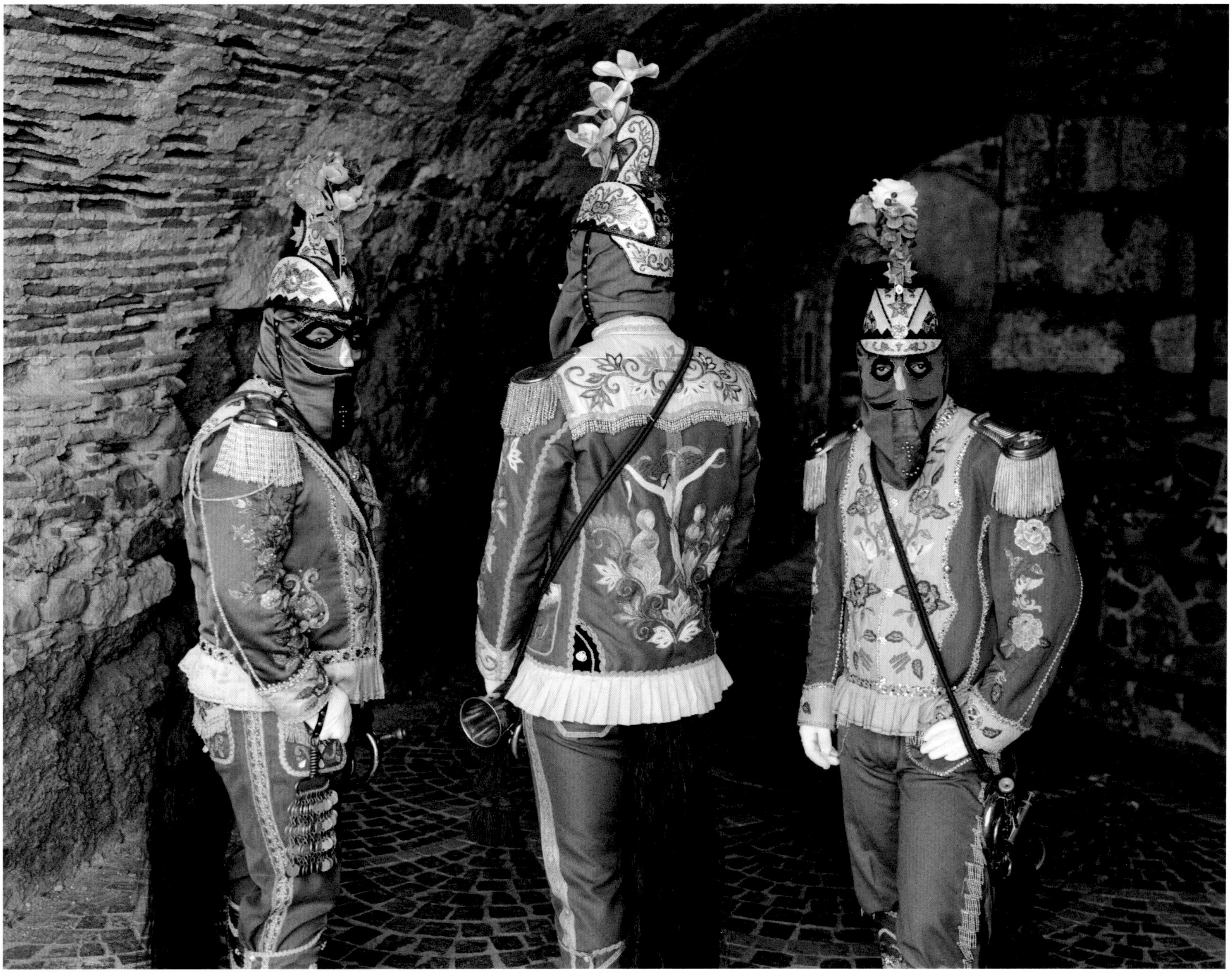

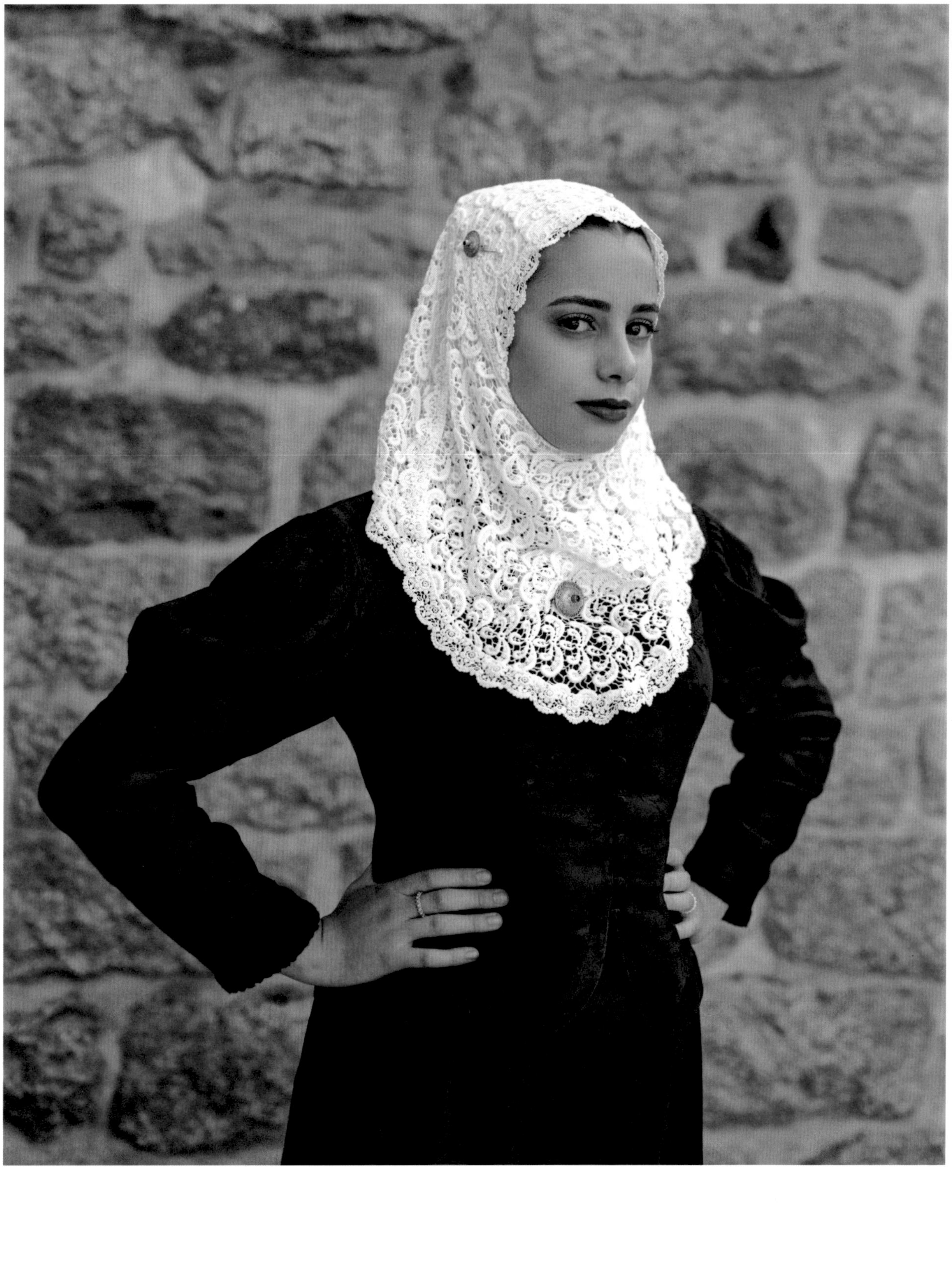

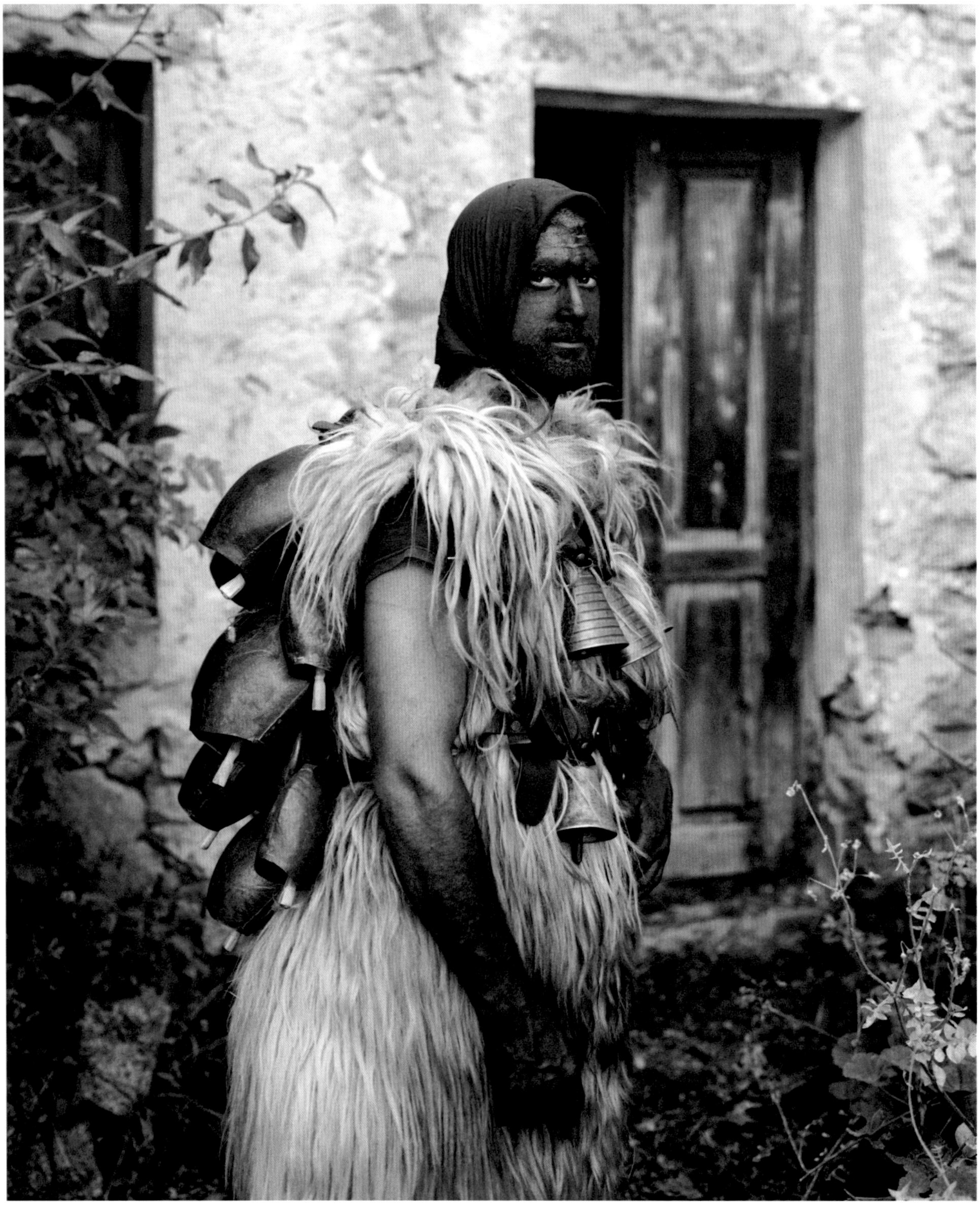

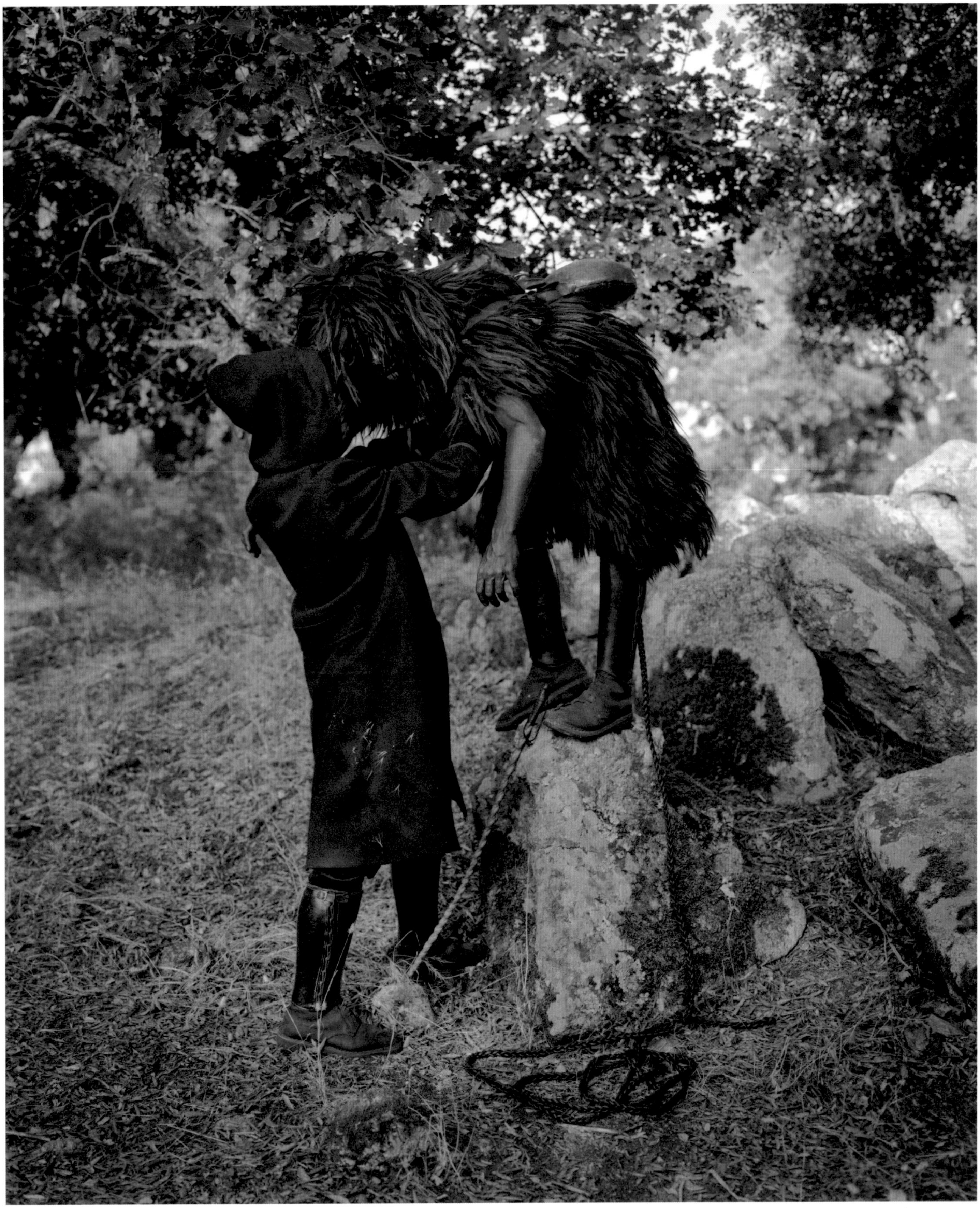

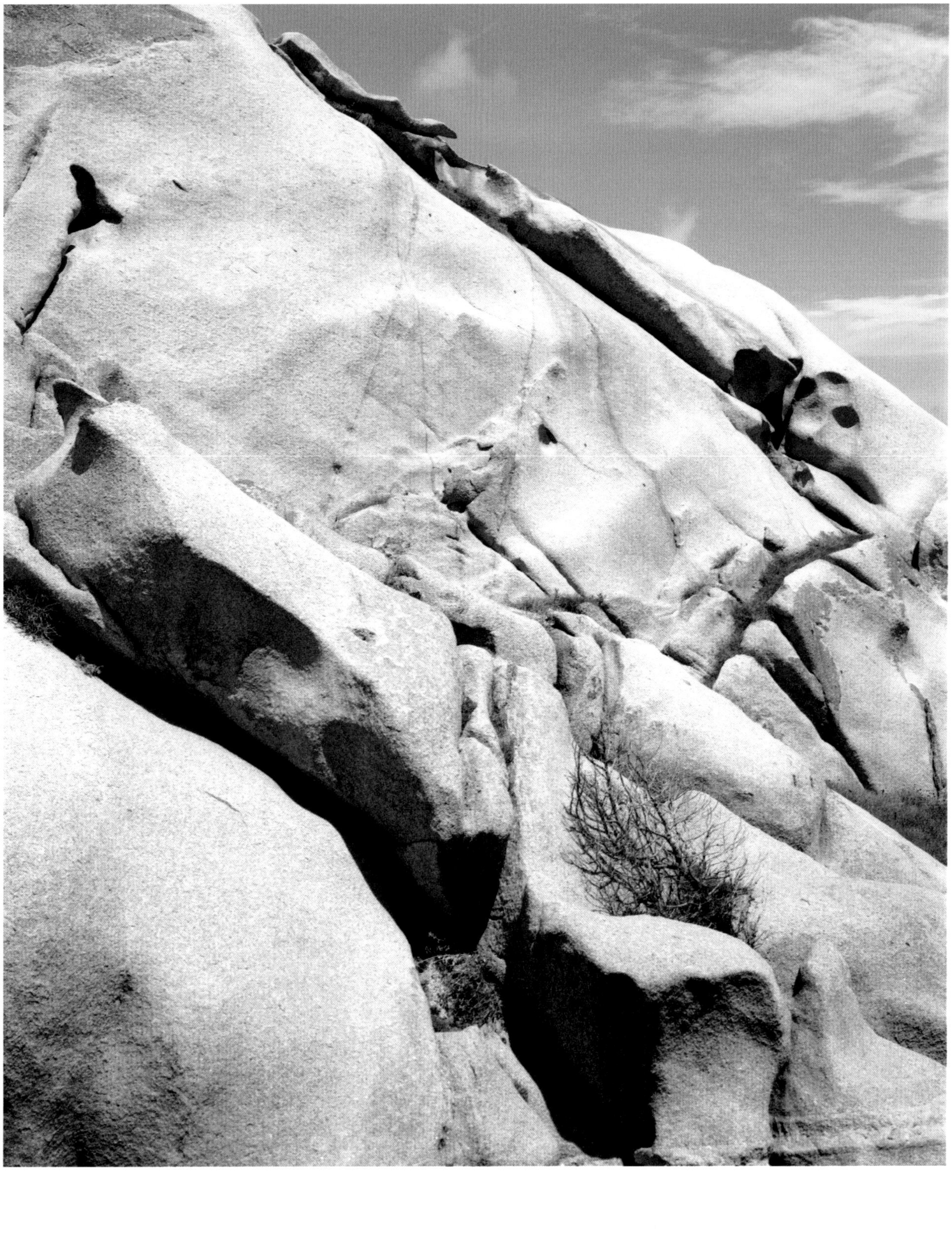

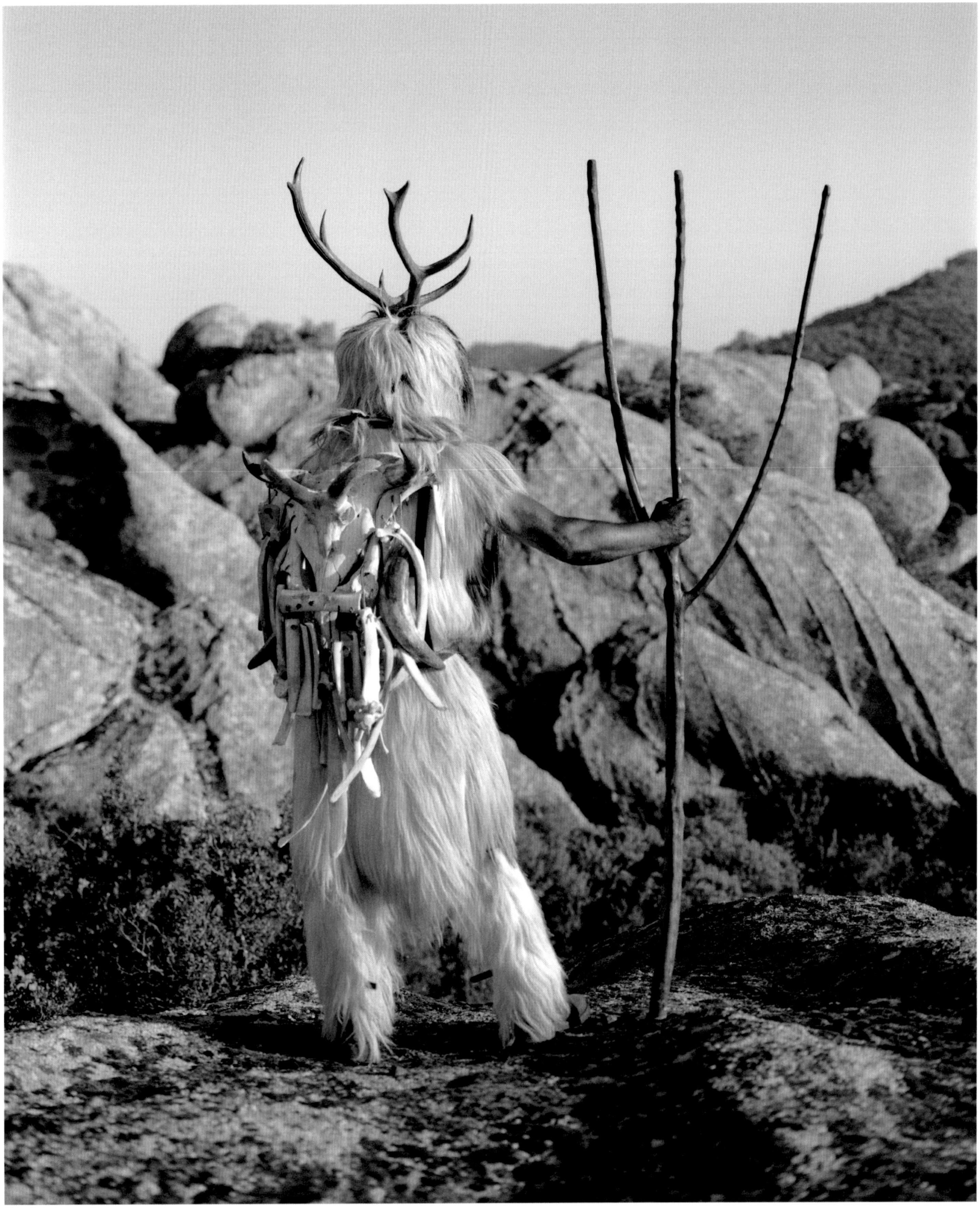

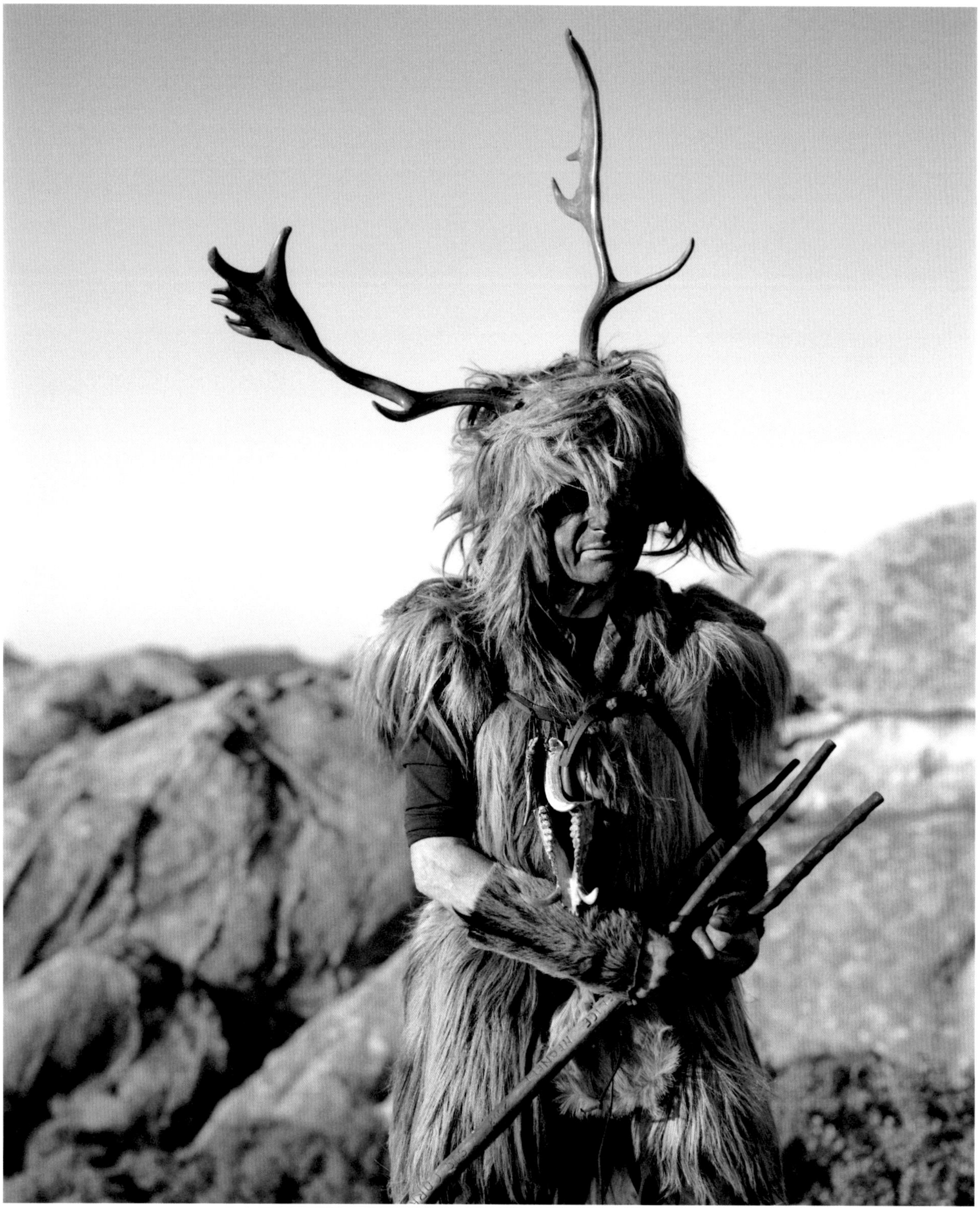

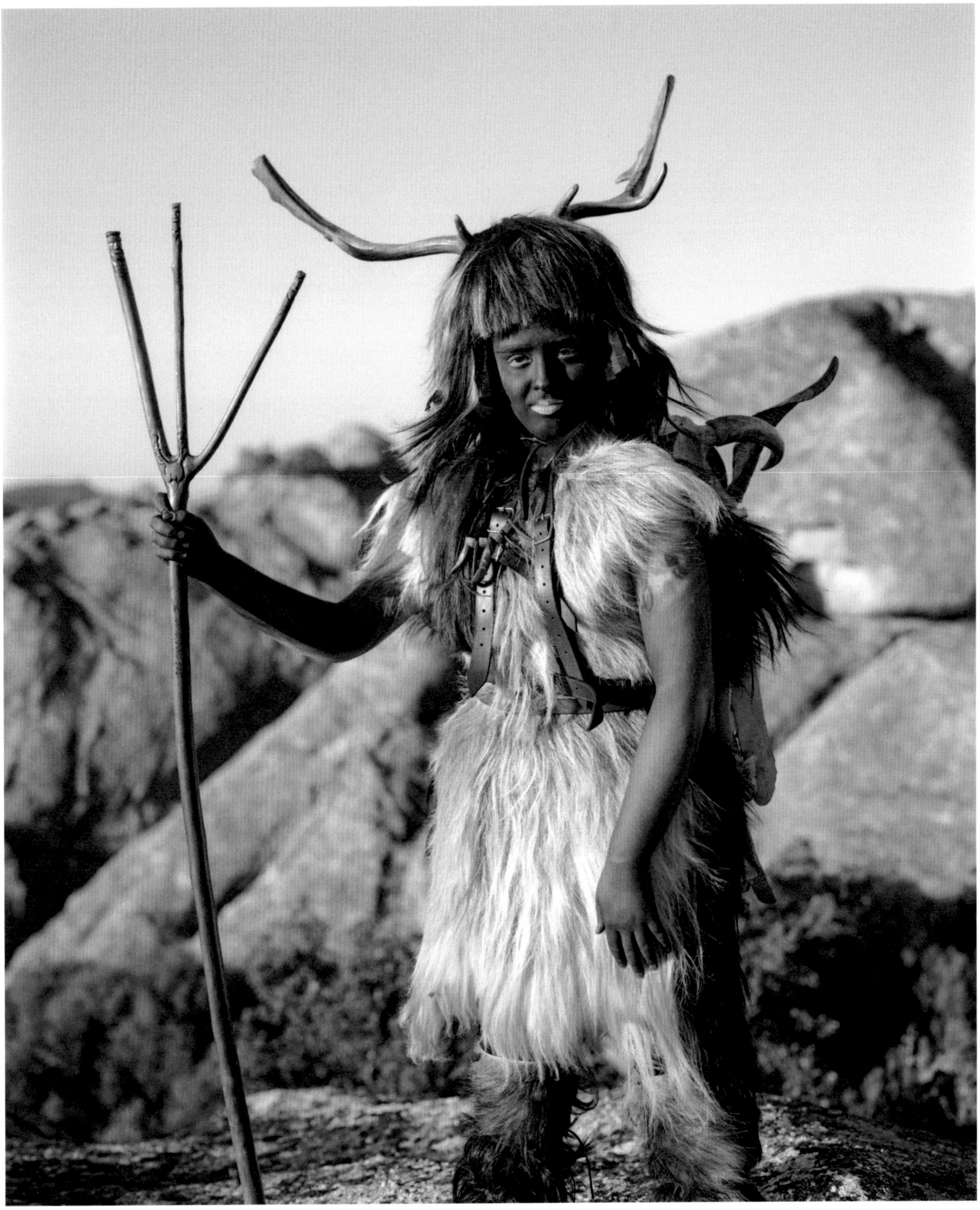

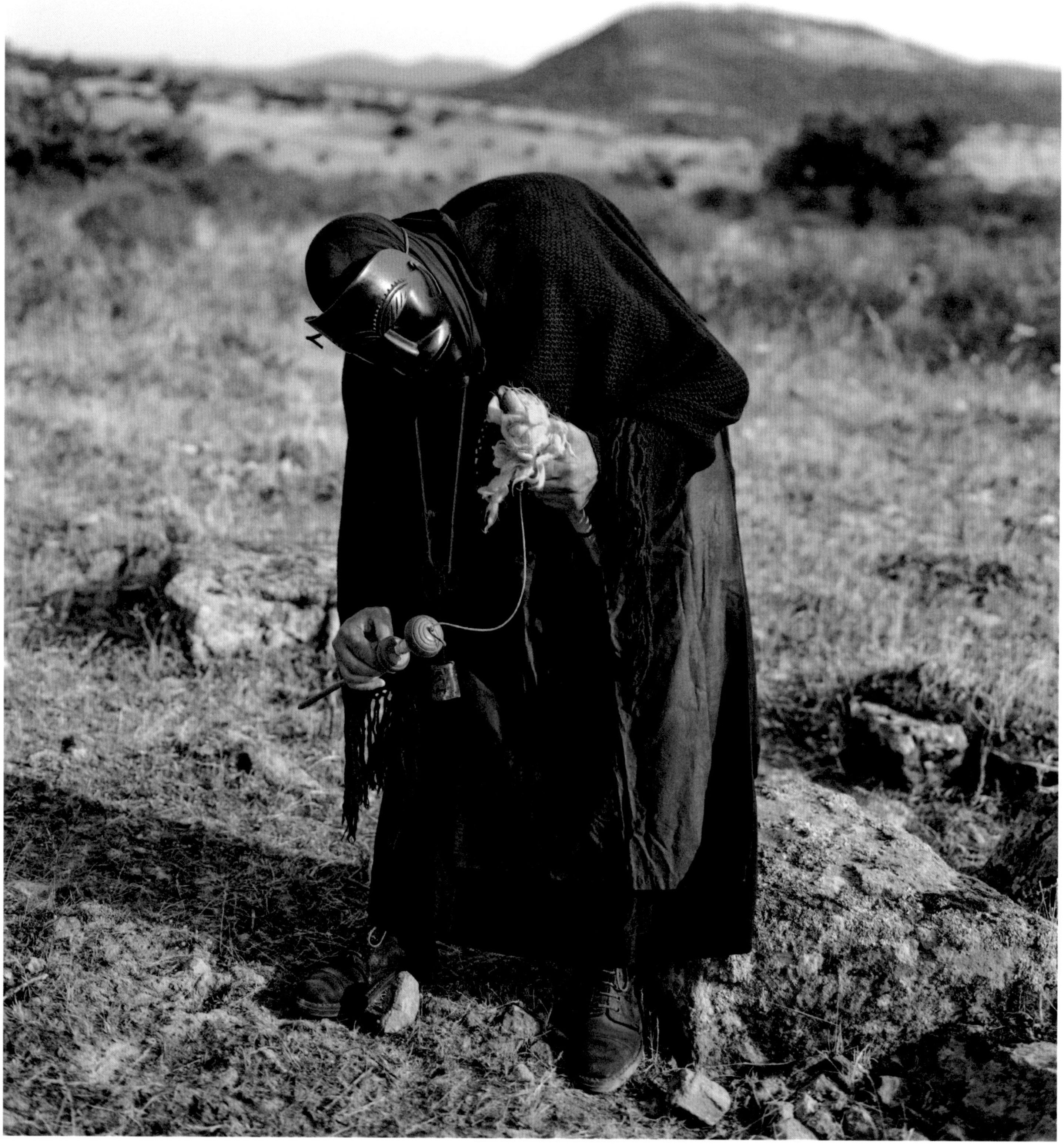

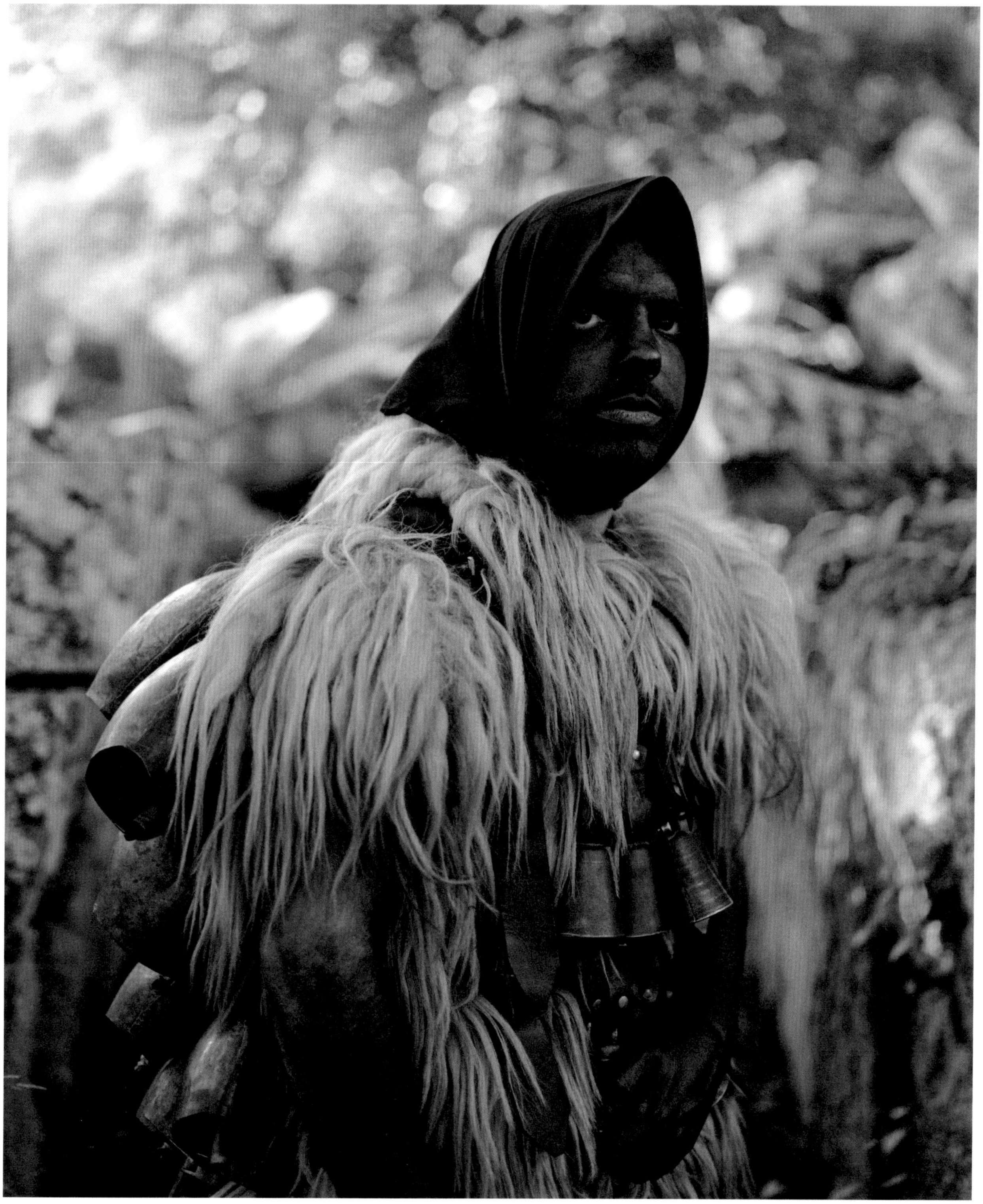

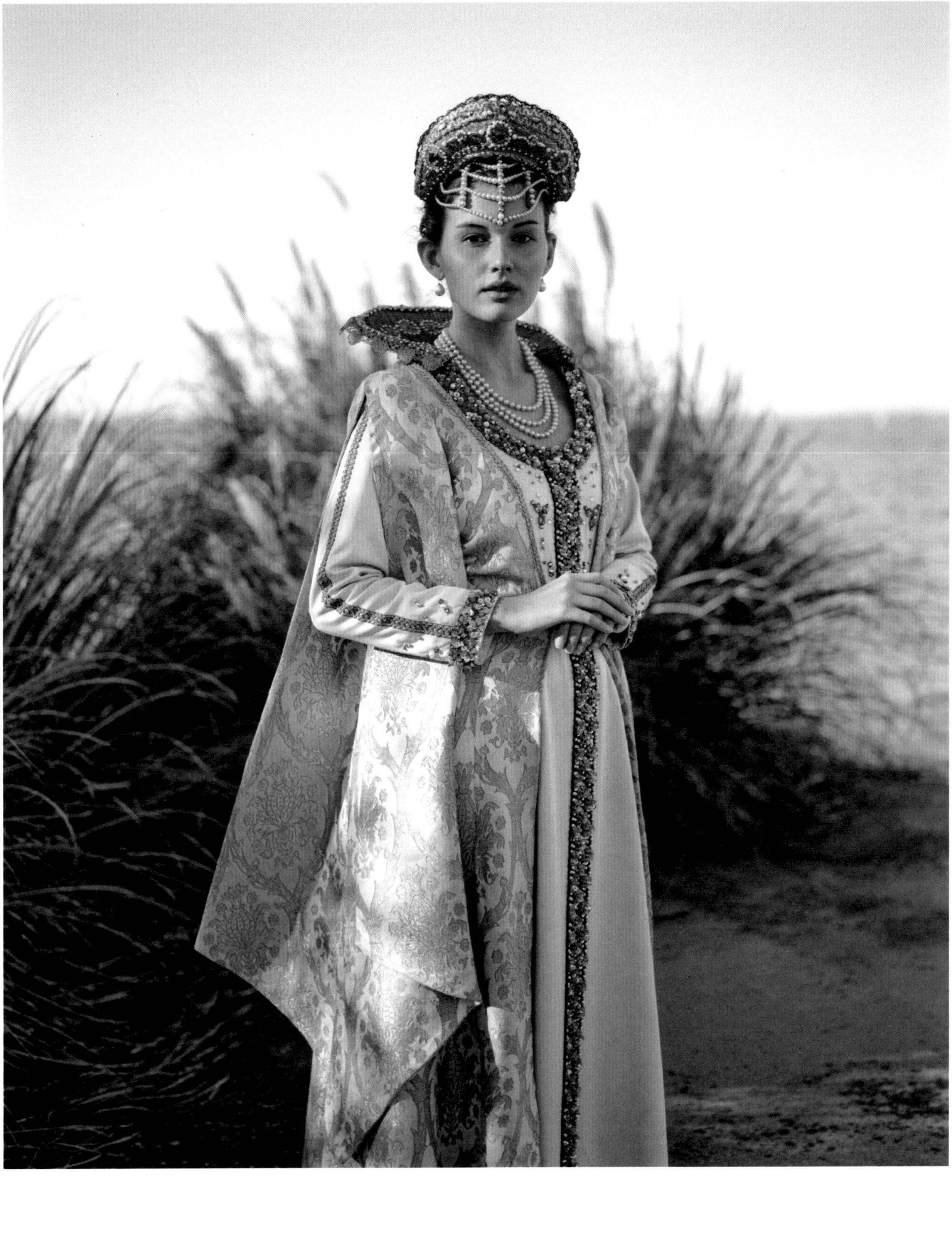

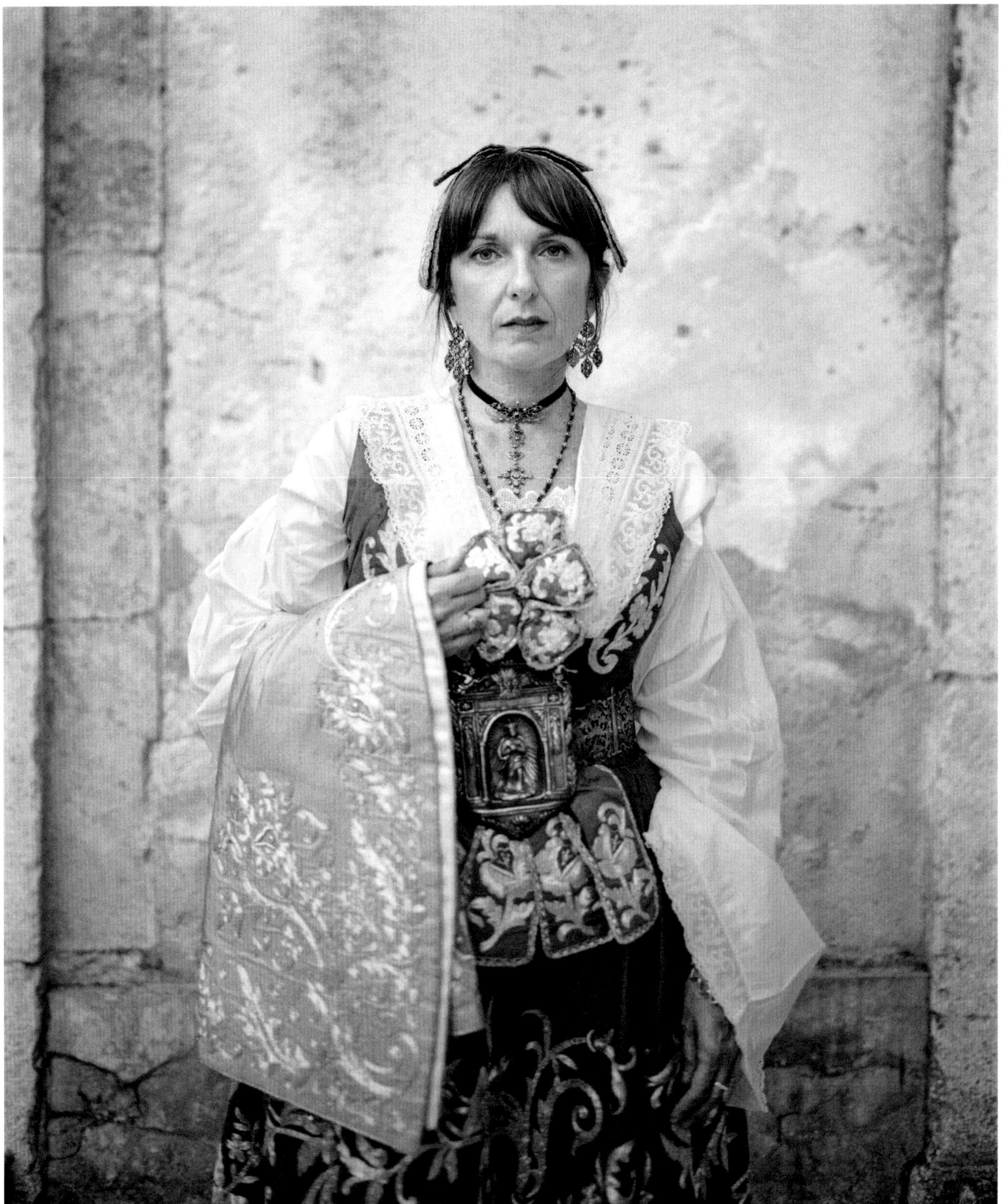

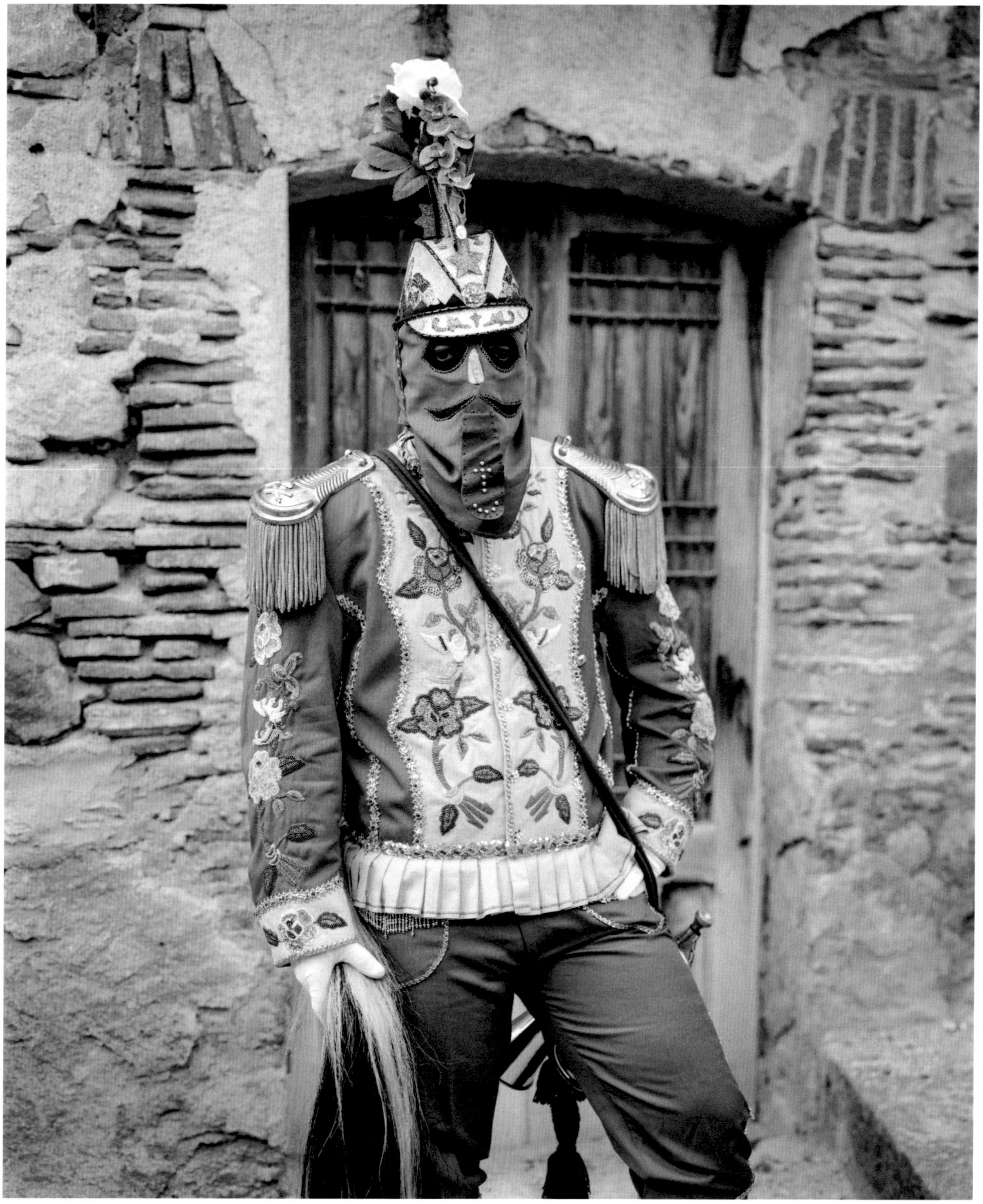

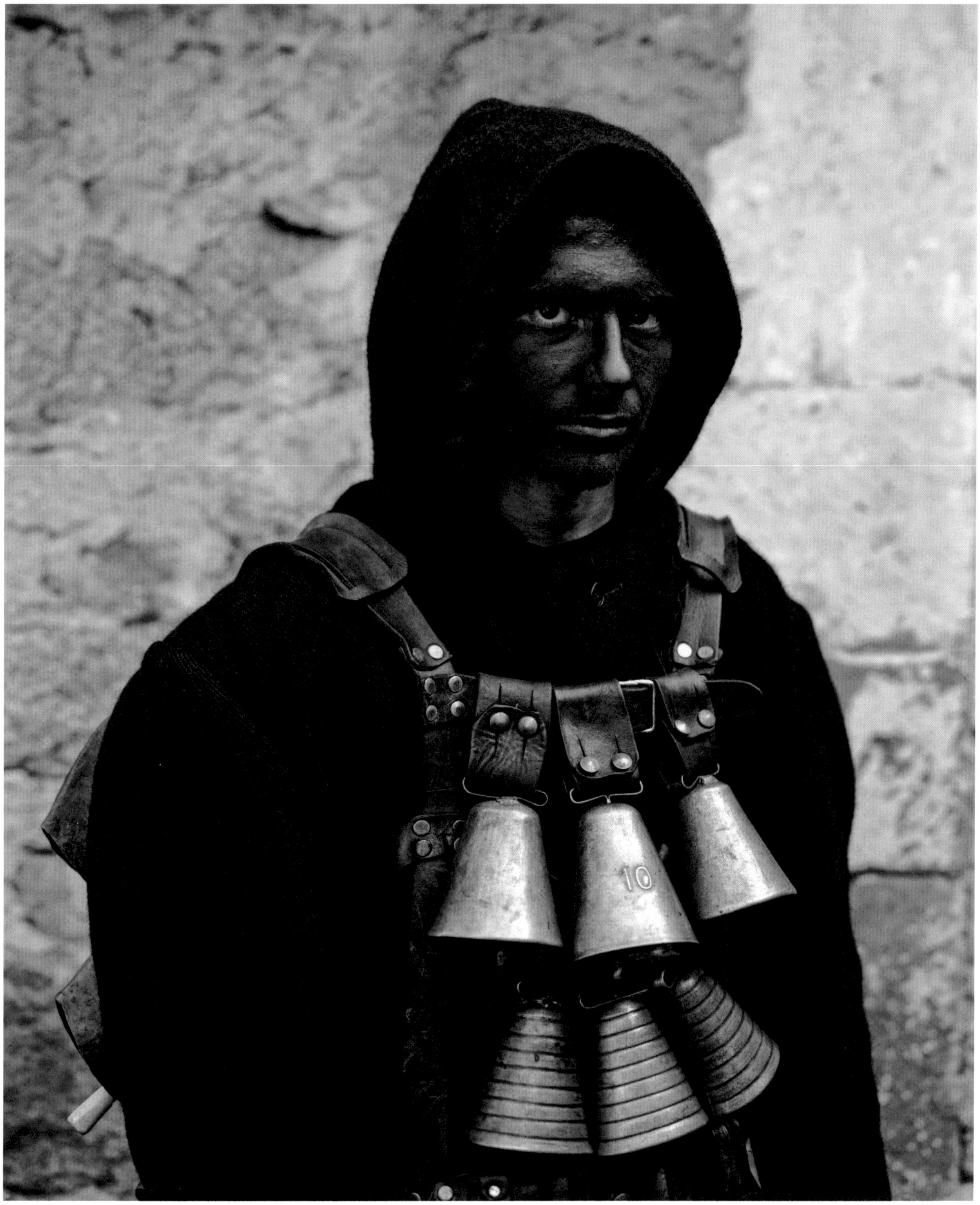

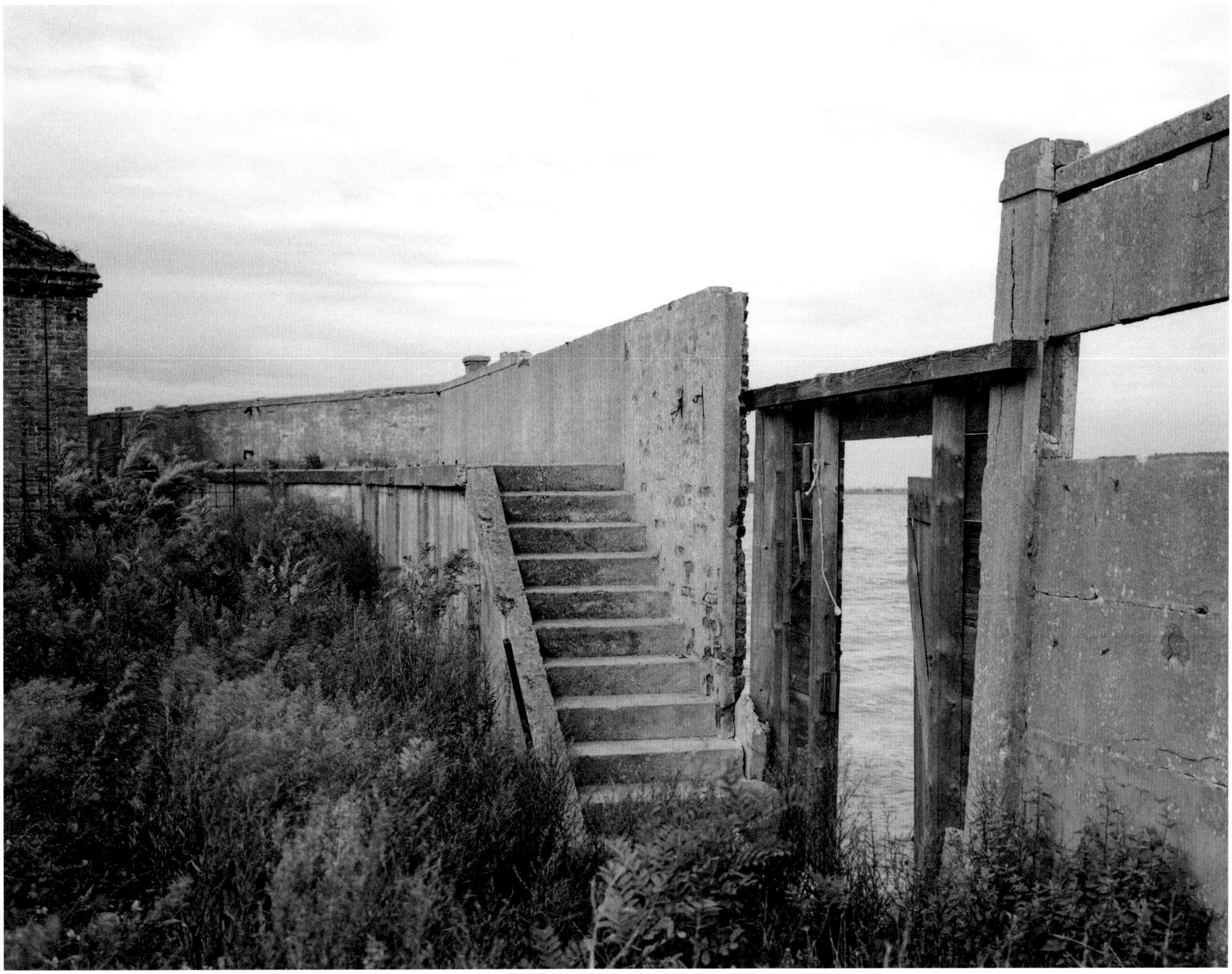

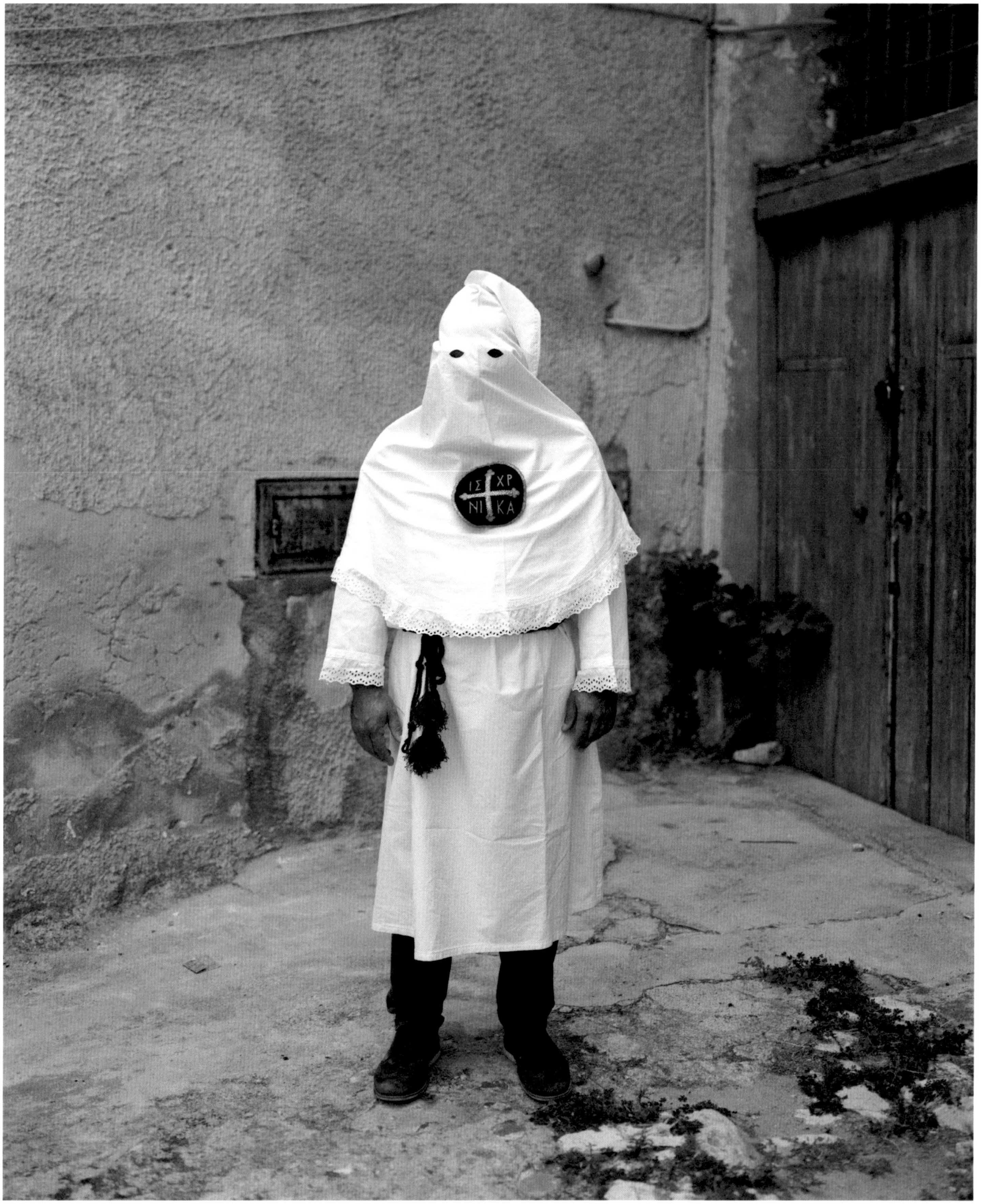
ΙΣ ΧΡ
ΝΙ ΚΑ

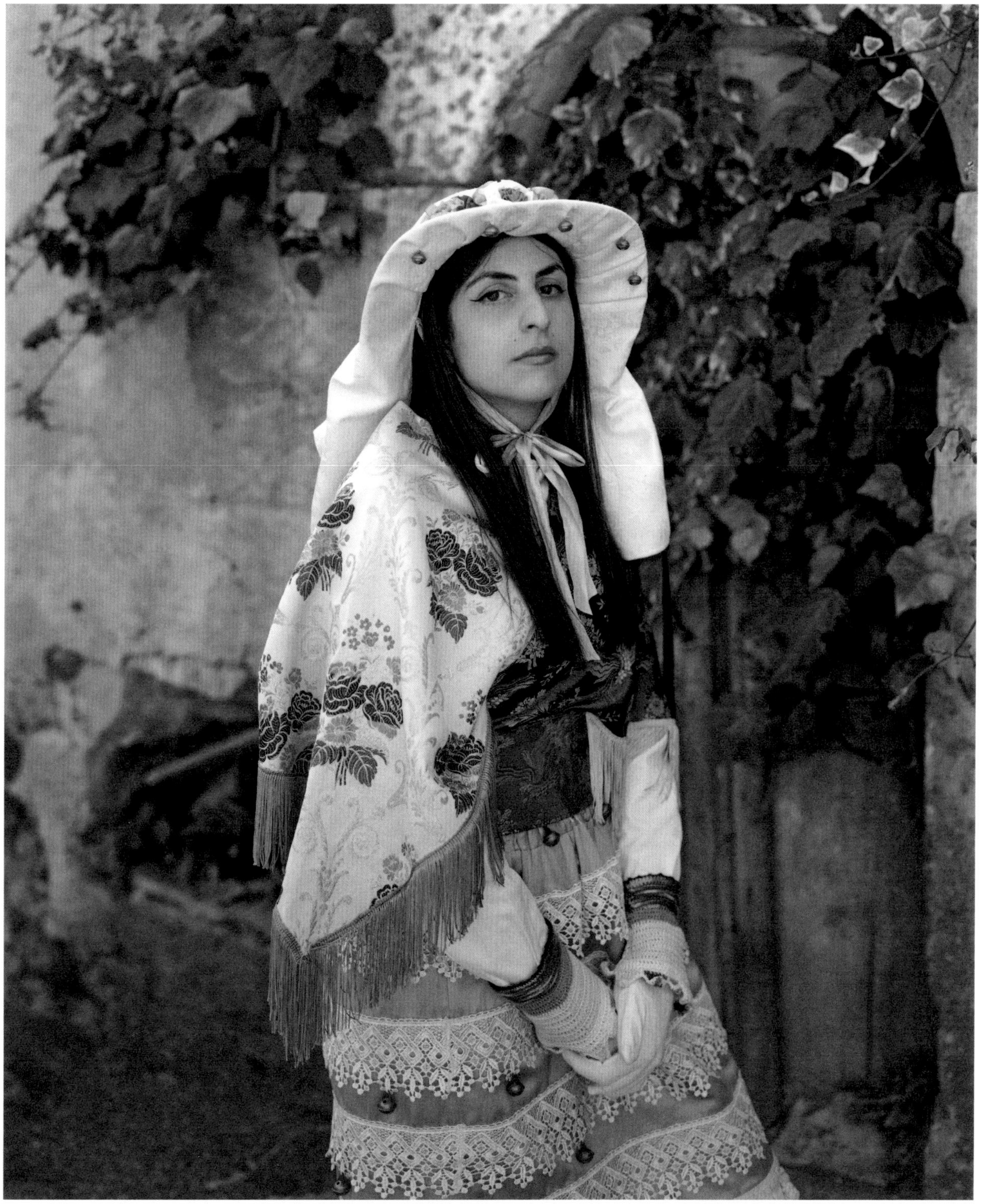

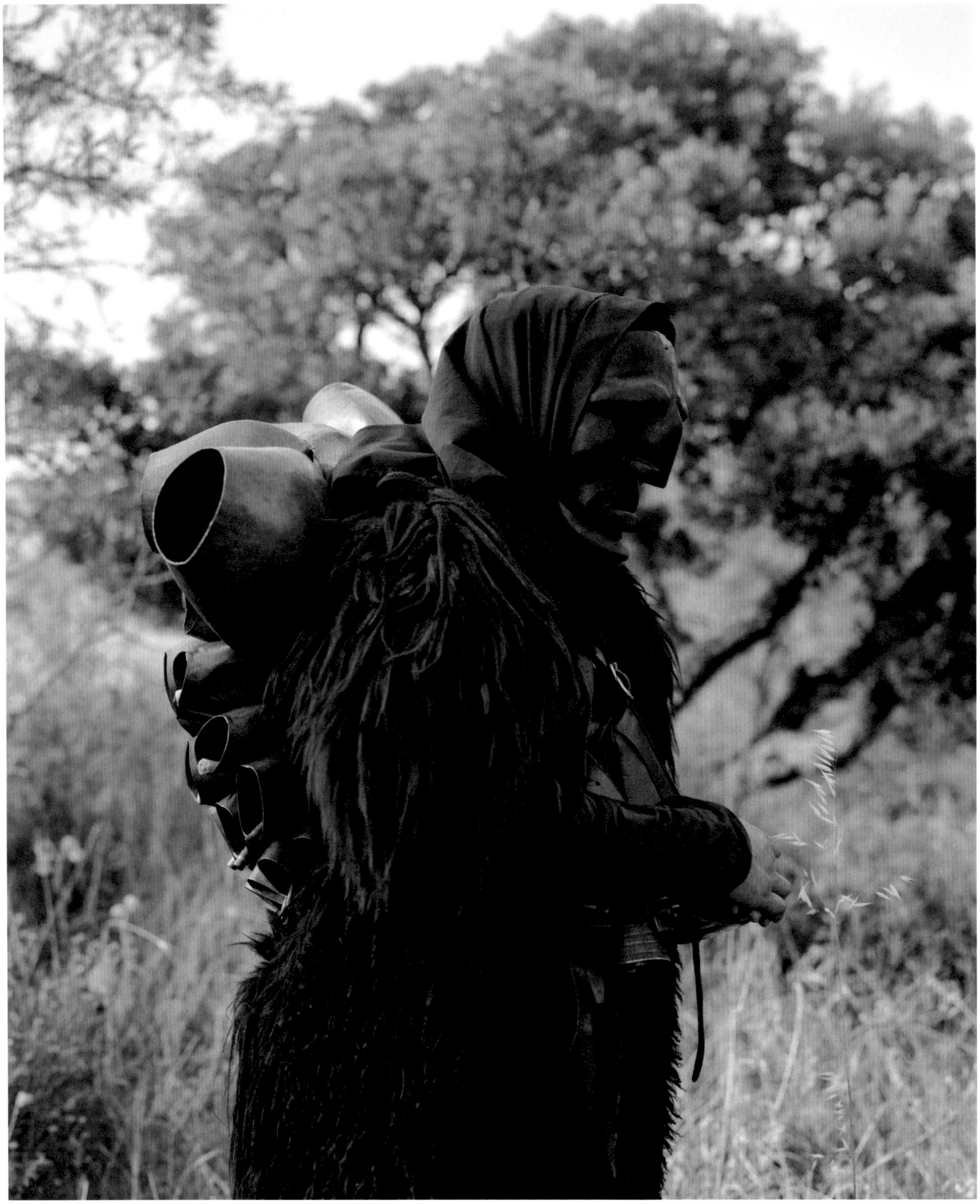

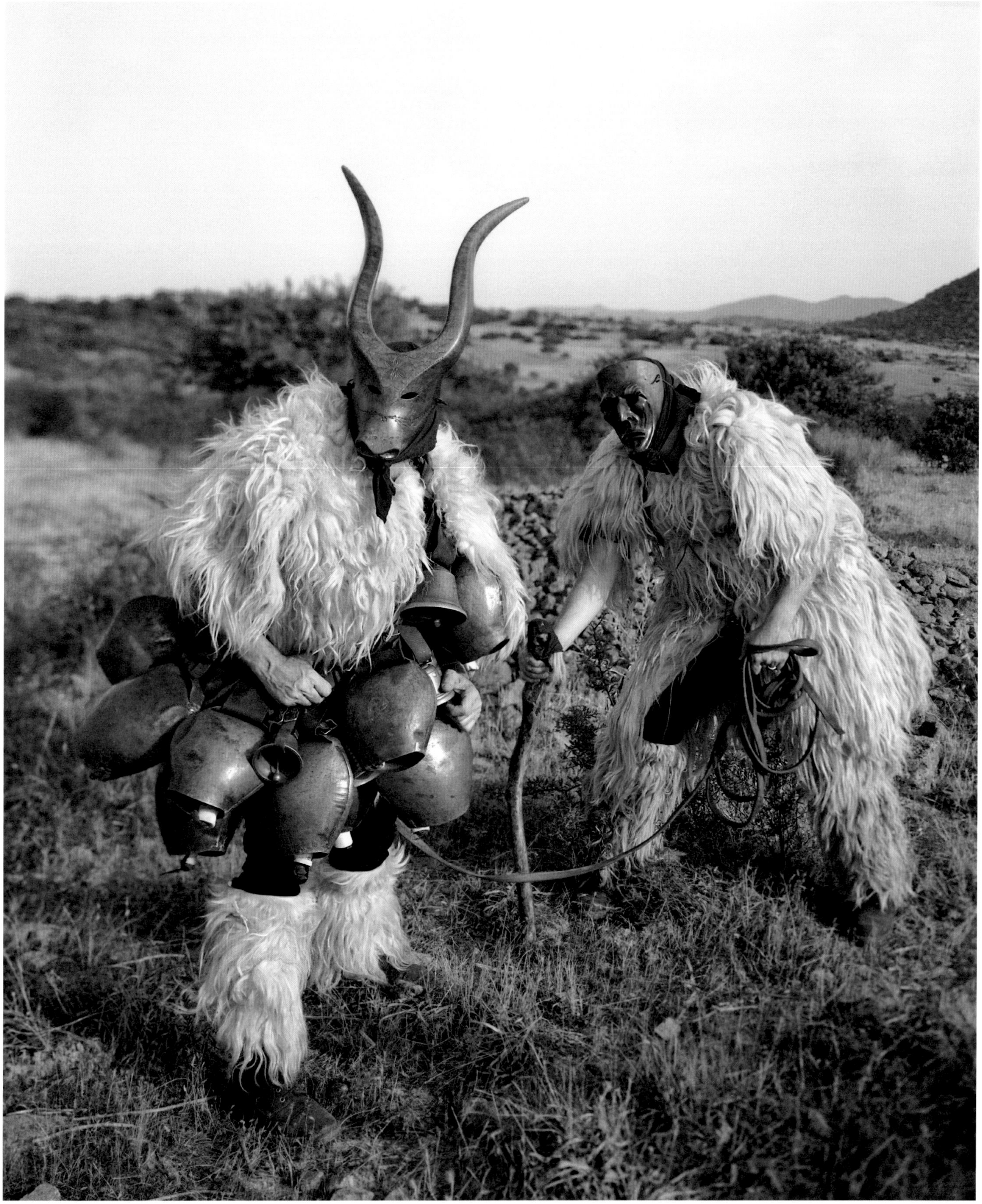

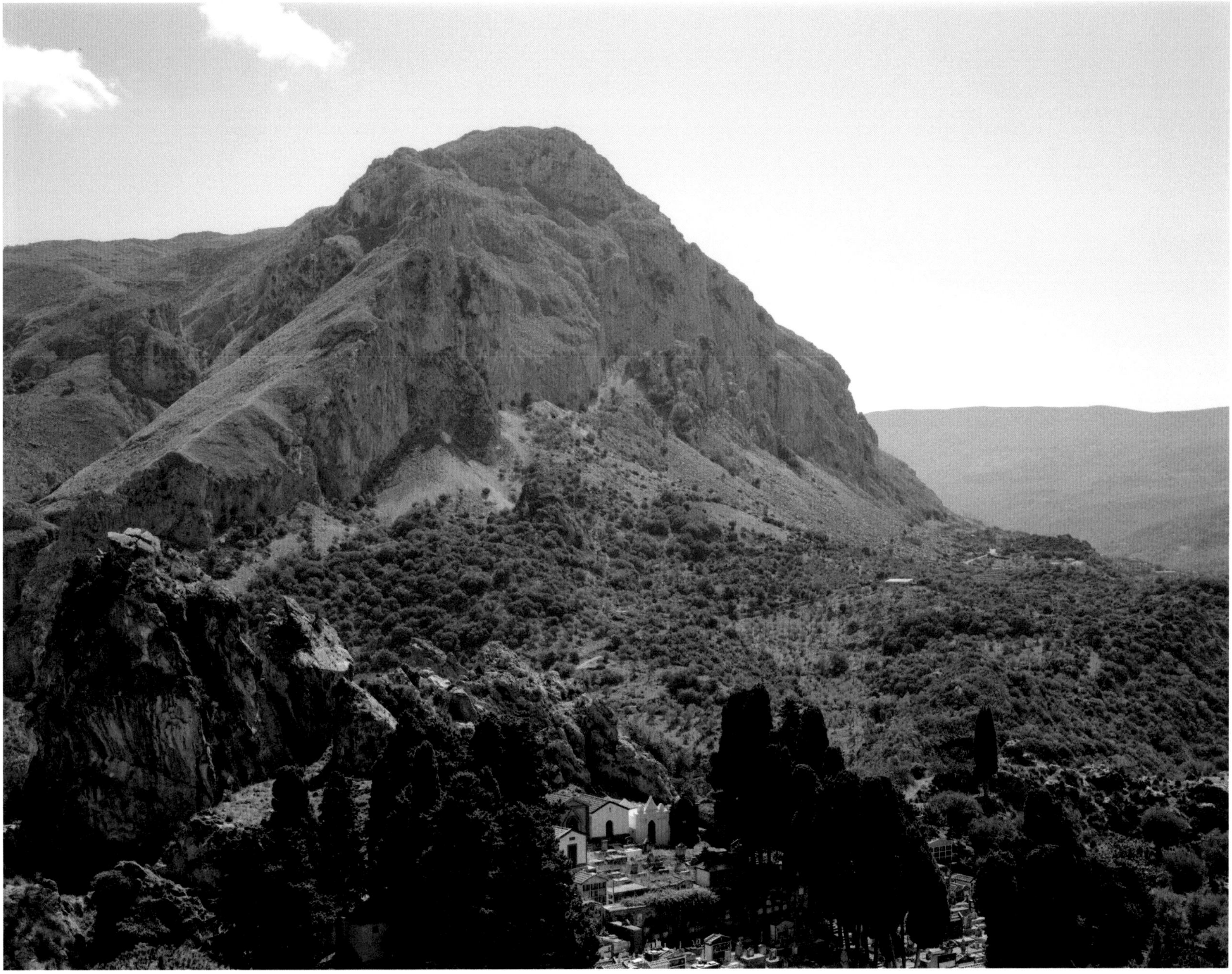

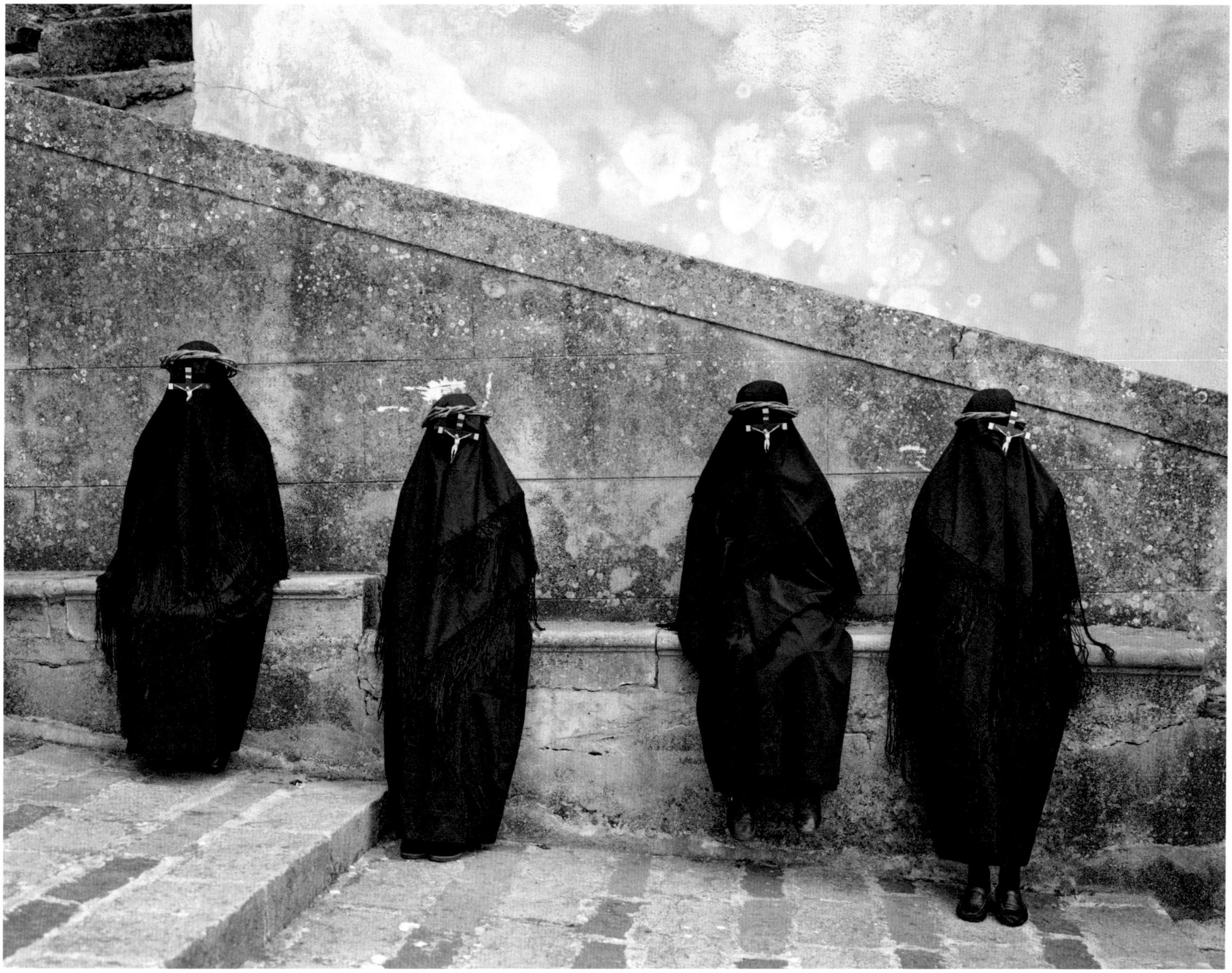

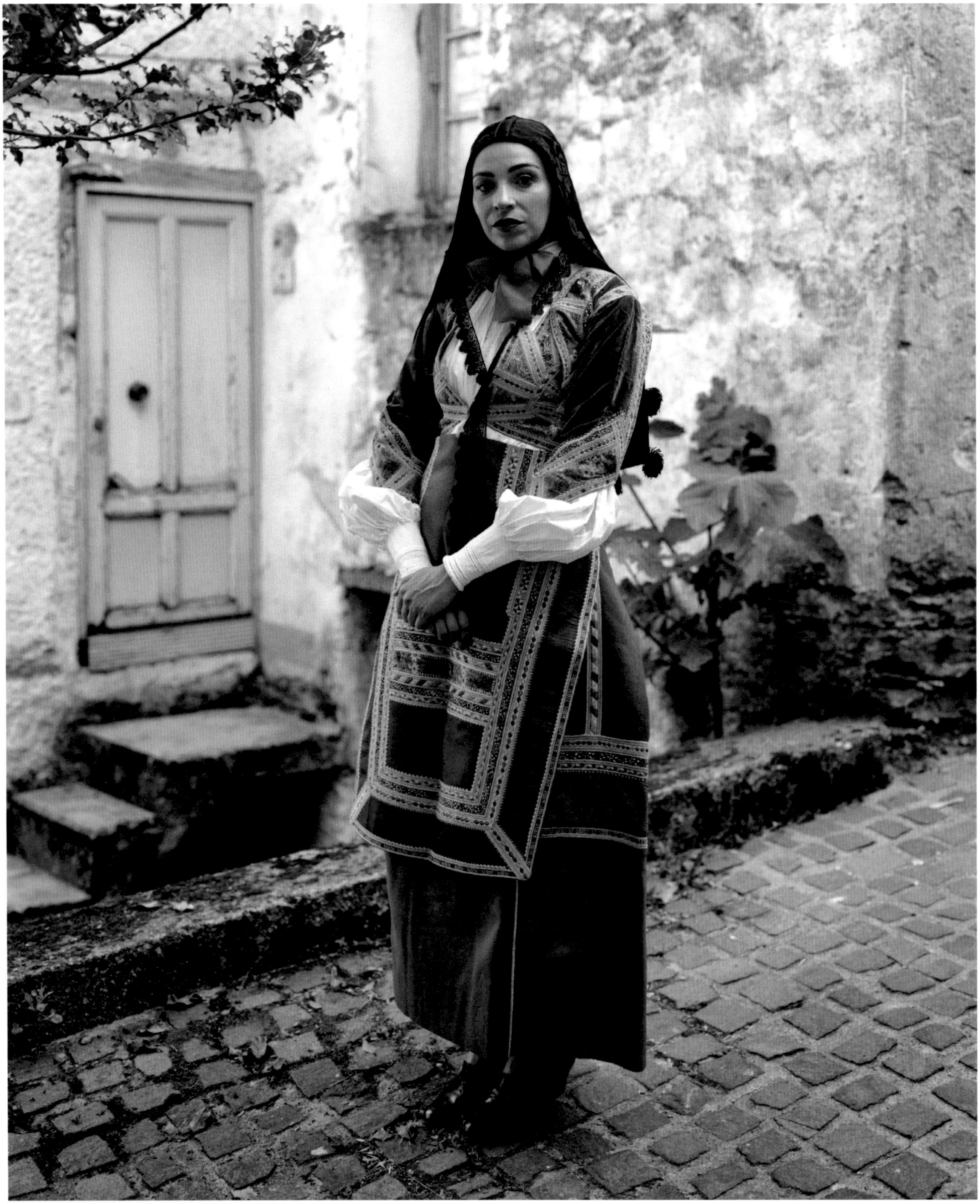

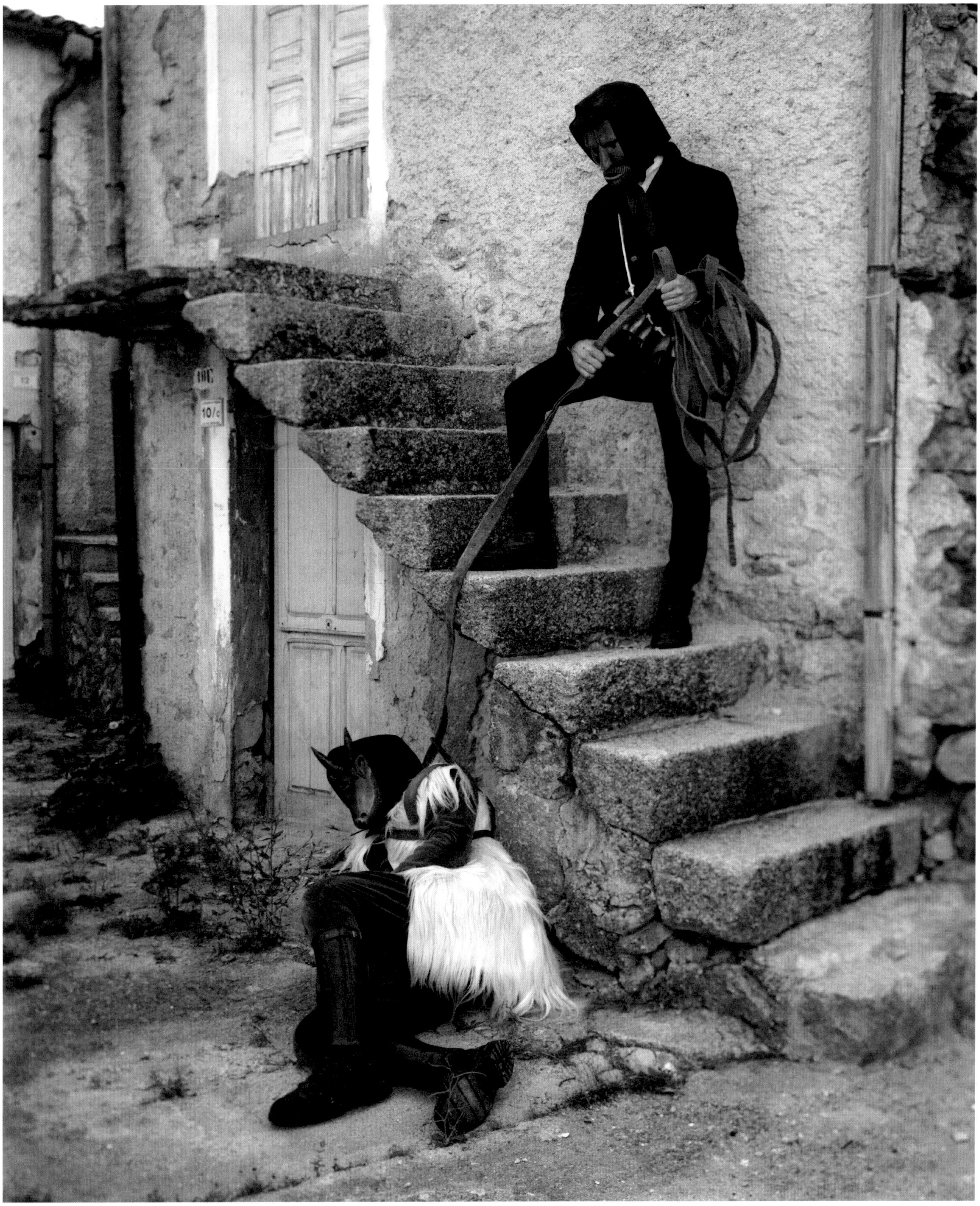
10/c

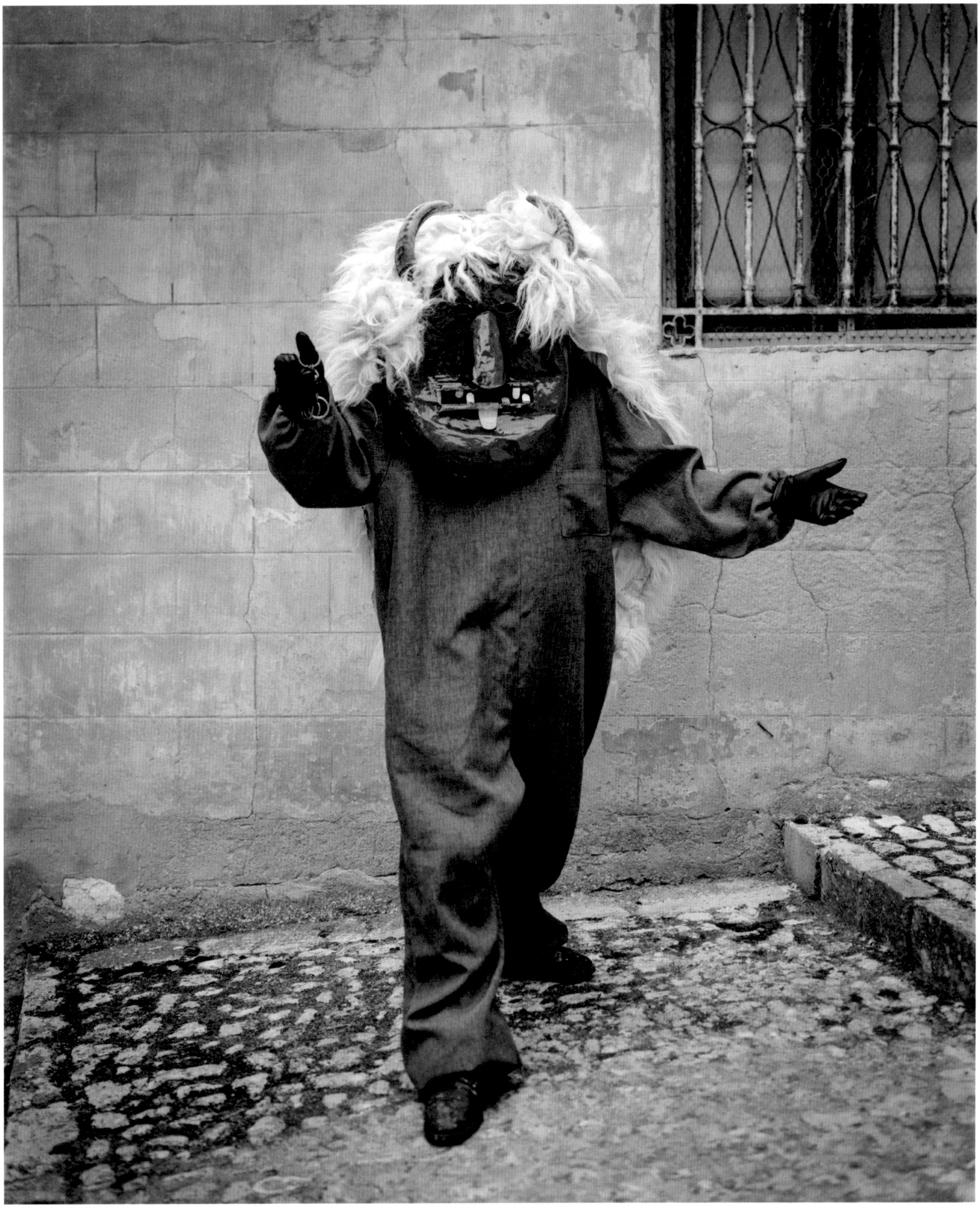

Like Windows
Sabrina Mandanici

The wind, the smells. No.
A song from afar. Or my steps on the pavement.
In the dark, I do not know.
But I know that I've come home.
Elio Vittorini

The morning after the funeral, I am up early. In the dim light breaking through the wooden blinds, I tiptoe across the room, the hallway, and up to the kitchen to make coffee. In Sicilian homes, the kitchen is often on the top floor, so that neighbours, who walk down the street and stop for a chat, can't peek in and see the mess or spread the word about family affairs, usually discussed with food and around the table. Not that the kitchen ever stays messy for long, but Sicilians are a vocal and implicitly nosy bunch. And, therefore, the heart of the home, its privacy, is sacred.

This morning, the kitchen is still empty. Except for the observing eyes of *Padre Pio*, whose portraits (printed on shiny paper and purchased at churches around town) keep watch over the display of cookies filling the counters. *Patri Pio viri tutto* (*Padre Pio sees everything*), my grandmother used to say. Remembering her words, I instinctively adjust my PJs and tighten my robe. You never know. As I wait for the moka pot's gush, I catch myself marvelling at these curled and misshapen sweets, just like I used to as a child. Some are plain or dusted with sugar, while others (my favourites) are adorned with nuts or candied fruit. Made by hand and of almond paste, they look like rocks when seen from above ... as if to impaste the innate connection that people here hold with the elements (natural, historical, ethereal) that surround them.

'Thank the Arabs,' a baker in Marsala once told me, noticing my delight at his assortment (which differs from city to city). And with a wink, he added 'Imagine, if it had been only the Normans!'

Almonds (their trees, oil, and sweets) are just one of numerous things that dynasties of invading cultures have introduced to this island, and that Sicilians (while, somehow, never forgetting *who* brought them) have made their own. Over the past few days, condoling friends and family arrived with golden cardboard trays jam-packed with these tender rocks, wrapped like gifts. *Something sweet for bitter times*, my father's second cousin said, softly pinching my chin.

My breakfast in hand, I climb the final flight of stairs and step out on the roof. The air is crisp and clear, the sky a powder-blue. I turn north and away from the outskirts of town, the hills, and orange groves, where men have already been working for hours (I can hear them whistle). Criss-crossed by highways and lonely dirt roads, the land in front of me undulates in solid waves. Rough and beautiful. Against the misty coastline (that I cannot see but know is there), Mount Etna is still covered by snow and silently fuming. Throning over his volcanic empire, as he has done for centuries. Indifferent to what he buried, to whom was watching, or is.

Back in my Berlin flat, I think of the immensity of this landscape, the pockets of life it corrals, of lines and lineage. I think of my father's second cousin, his ocean-green eyes fogged with sorrow and affection, always earthbound in their outlook. This colour that skips through my family—and according to family lore—the indisputable evidence that we, composites of different bloods, also descend from the Greek.

Whenever I am asked where I am from, I don't know what to answer. It has always been this way. Raised between two cultures, I used to think that my perplexity arose from the gap dividing them. From being tethered to both while never fully belonging to either. An in-between-ness not merely of territory or language, but the feelings and memories, the experiences embedded within. With people and place, familial bonds, rites and rituals, beliefs and superstitions.

To ask where one is from, is to split, slice, sliver. But people peel like onions. And I begin to wonder what the word *identity* actually means. About how blind and delimited it is to behold the layers (the islands) we contain. A word like a wall, instead of a window.

And then, I think about you, Alys.
An islander yourself
(from way up north),
who travelled to the bottom
of a boot, who photographs
to see, and peel.

I try to imagine the advent of your gaze that misty, pre-pandemic day in the San Michele cemetery. What it must have felt like to watch Venetians arrive on a small boat, the *vaporetto* (its name from a time when engines were powered by steam), bringing flowers to their family graves. The synchronicity between this sight and that of crumbling walls on other Venetian islands (some of them abandoned), slowly dissolving by erosion, carried away by the sea.

Isn't it strange how the mind clings onto such small moments (seedlings, really) and grafts them elsewhere? How a flash of mourning and loss strayed into the cores of a culture, to customs and traditions, that you've come to witness in ways only locals do?

Taped to the walls
of my flat,
your photographs,
like windows.

Looking into them, I see ordinary people in extraordinary habits. Pagan and religious. Masked and exposed. Collapsing time, in front of your camera. Within this present-past-continuous, devils and saints, hunters and creatures, take hold of my rooms. Inhabit them, tacitly. I try to listen to the tales their eyes and gestures tell, to the timbres of the light reverberating in all of these pictures.

A light that is shaped by the hour of day and the season of the year (is it spring, or perhaps summer?), but that outlasts the transience of a moment, that exceeds the limits of a frame. It is the light in which women gather in courtyards, spinning wool or threads of life, in which men morph with animal spirits. The light of myths and fables, ancient and full of grace; where secrets are revealed, yet never fully unlocked. What lingers is a sense of unison, their pride and your reverence, that I cannot describe, only relate to.

I went to print them at a copy shop. Run by two women, I come here for the patience of their hands and the cadence of their voices. The softness with which they speak to these machines as if they were something living (compliant, yet refusing to be hurried). One of them was nudging the whimsical colour printer, waiting, like myself, for a test to emerge. The Sardinian *Merdules*. Ghoulish and twinlike, with their inscrutable wooden masks, dressed in ruffled white sheepskins, carrying sticks. I watched her face inspecting them. Awake, and harkening. 'They remind me of home,' she said, after a long pause.

By the time I was ready to pay, a small group had gathered around the images. Two children went back and forth between the human stags and oxen, captured by the soot covered faces of some, to then (almost gingerly) pat the bell-heavy fronts and boneladen backs of others. Following their tiny fingers, the rest of us fell silent, pining for the clangor of a distant place.

Creatures made from dreams and nightmares alongside the lands that begat them. I hang them in groups or set them apart. The devils of Prizzi, now in my living room. One on the door, two above the table. Plotting mischief. With their gaping teeth and raggedy manes (crowned by two horns), they look more like the *Wild Things*,[1] in search of their jungle. Which, in this case, is a mountain town, built from the same rocks they stand on. I like to have them close. Perhaps to narrow the gap between my world and theirs: roaming the streets on Easter, hunting for people that, in turn, are trying to hide. What they fear, though, are not the devils themselves, but being dragged into bars, where, by crossing the threshold, all drinks are on them. The devil has always been in the detail.

The more time I spend with these photographs, the more I notice that I feel less alone. Every morning, the first face I see is that of a young woman. An *Arbëreshë*, with almond shaped eyes and a questioning smile, haunting and full of promise. A woman, at the joint of two cultures (Albanian and Sicilian), presenting her dress. I look at the folds of her velvety vest, the botanical ornaments on her cuffs and lapels, her skirt made of silk, and the intricate patterns cast into her precious belt. What are their colours? Each element is an island in itself, stitched by a history of migration, suturing centuries. A dress like a map, laced with the flora of belonging.

At what point did I become part of this cartography of gazes and the emotional territory it charts? I am too close to tell. What I can tell you instead is that it has something to do with the permanence and the precariousness inscribed in your photographs, Alys. With a special kind of magic that involves the act of looking and being looked at. With the necessity of submitting to both, to appreciate these images not merely as portraits of people and landscapes, but totems of a ritual in its own right. Summoned in front of your camera, these devils and saints, shamans and creatures, gather themselves to declare one thing: that they are alive! Their pride and your reverence, still lingering. A unison that honours the islands we inhabit to preserve those we contain. This is the mystery, isn't it?

1 Reference made to the book *Where the Wild Things Are* by Maurice Sendak, an illustrated children's book first published in Italy in 1969 by Emme Editions, with the title of *In the Land of Wild Monsters*.

Come Finestre
Sabrina Mandanici

Il vento, gli odori. No.
Una canzone lontana. Oppure il mio passo sul selciato.
Nel buio io non so.
Ma so che sono tornato a casa.
Elio Vittorini

Il mattino dopo il funerale, mi alzo presto. Nella luce tenue che trapela dalle persiane di legno, attraverso la stanza in punta di piedi, il corridoio, e salgo in cucina a preparare il caffè. Nelle case siciliane la cucina si trova spesso ai piani più alti, in modo che i vicini che passano per strada e si fermano a fare due chiacchiere non possano sbirciarvi dentro e vederne il disordine, né raccontare in giro gli affari di famiglia, che di solito si discutono a tavola mentre si mangia. Non che la cucina resti mai incasinata a lungo, ma i siciliani sono una combriccola di chiacchieroni implicitamente curiosi. Per questo, il cuore della casa, la sua riservatezza, sono sacri.

Stamattina la cucina è ancora vuota, eccetto per gli occhi scrutatori di *Padre Pio*, i cui ritratti (stampati su carta lucida e acquistati nelle chiese sparse per la città) continuano a sorvegliare i biscotti che riempiono i ripiani della cucina. *Patri Pio viri tutto* (*Padre Pio vede tutto*), diceva mia nonna. Ricordando le sue parole, mi sistemo istintivamente il pigiama e chiudo la vestaglia. Non si sa mai. Mentre aspetto lo zampillo della moka, mi sorprendo a meravigliarmi di questi dolcetti arricciati dalla forma imperfetta, proprio come facevo da bambina. Alcuni sono semplici o spolverati di zucchero, mentre altri (i miei preferiti) sono guarniti con frutta secca o candita. Fatti a mano con la pasta di mandorle, visti dall'alto sembrano delle piccole pietre... come se vi fosse impastato il legame innato che qui la gente mantiene con gli elementi (naturali, storici, eterei) che la circondano.

'Grazie agli arabi,' mi disse una volta un panettiere di Marsala, notando la mia delizia per il suo assortimento (che cambia da città a città). E poi, facendomi l'occhiolino, aggiunse 'Immagina se ci fossero stati solo i normanni!'

Le mandorle (i loro alberi, l'olio e le paste) sono solo una delle numerose cose che le dinastie di popoli invasori hanno introdotto in quest'isola, e che i siciliani (in qualche modo senza mai dimenticare *chi* le ha portate) hanno fatto proprie. Negli ultimi giorni, amici e parenti sono venuti a porgere le loro condoglianze portando vassoi di cartone dorato stracolmi di queste morbide pietre, incartate come regali. *Un po' di dolcezza per i tempi amari*, ha detto il cugino di secondo grado di mio padre, dandomi un pizzicotto sul mento.

Colazione in mano, salgo l'ultima rampa di scale ed esco in terrazzo. L'aria è fresca e limpida, il cielo un azzurro cipria. Guardo a nord, oltre la periferia della città, le colline e gli aranceti, dove gli uomini sono a lavoro già da ore (posso sentirli fischiare). Attraversata da superstrade e solitarie stradine sterrate, la terra che ho di fronte s'increspa in onde massicce. Ruvida e bella. Sullo sfondo della costa nebbiosa (che non riesco a vedere, ma so che c'è), l'Etna è ancora ricoperto di neve e fuma silenziosamente. Troneggia sul suo impero vulcanico, come fa da secoli. Indifferente a ciò che ha seppellito, a chi lo guardava, o lo sta guardando.

Di ritorno al mio appartamento a Berlino, penso alla vastità di questo paesaggio, le sacche di vita che racchiude, di linee e discendenze. Penso al cugino di mio padre, ai suoi occhi verde oceano velati di tristezza e affetto, con lo sguardo sempre legato alla terra. Questo colore che ci tramandiamo solo a tratti e che, secondo la tradizione di famiglia, è la prova indiscutibile che noi, che siamo di sangue misto, discendiamo anche dai greci.

Ogni volta che mi viene chiesto di dove sono, non so cosa rispondere. È sempre stato così. Cresciuta tra due culture, pensavo che la mia perplessità nascesse dallo spazio che le divide. Dall'essere legata a entrambe senza mai appartenere pienamente a nessuna delle due. Uno stare nel mezzo non soltanto del territorio o della lingua, ma dei sentimenti e dei ricordi, delle esperienze radicate dentro. Con persone e luoghi, legami familiari, riti e rituali, credenze e superstizioni.

Chiedere a una persona da dove viene significa tagliare, affettare, spezzettare. Ma le persone si sbucciano come cipolle. Così comincio a chiedermi cosa davvero significhi la parola *identità*. Quanto sia cieca e delimitata per raccogliere gli strati (le isole) che conteniamo. Una parola come un muro, invece che una finestra.

E poi, penso a te, Alys.
Tu stessa un'isolana
(dal lontano nord),
che ha viaggiato fino alla punta
dello stivale, che fotografa
per vedere, e sbucciare.

Provo a immaginare l'avvento del tuo sguardo in quel giorno di nebbia pre-pandemia al cimitero di San Michele. Cosa devi aver provato nel vedere arrivare dei veneziani su una piccola barca, il *vaporetto* (nome che deriva dai motori un tempo alimentati a vapore), con i fiori per le tombe dei loro familiari. La sincronicità tra questa vista e quella delle mura diroccate sulle altre isole veneziane (alcune delle quali abbandonate), che si dissolvono lentamente a causa dell'erosione, portate via dal mare.

Non è strano come la mente si aggrappi a momenti così piccoli (germogli, davvero) e li innesti altrove? Come il lutto e la perdita si siano insinuati come un lampo nei nuclei di una cultura, nelle usanze e nelle tradizioni, di cui sei stata testimone come succede solo alla gente del posto?

Attaccate alle pareti
del mio appartamento,
le tue fotografie,
come finestre.

Ci guardo dentro, vedo persone comuni in abiti straordinari. Pagani e religiosi. Maschere e volti scoperti. Davanti alla tua macchina fotografica, fanno crollare il tempo. In questo presente-passato continuo, diavoli e santi, cacciatori e bestie si prendono le mie stanze. Le popolano, tacitamente. Provo ad ascoltare le storie che i lori occhi e i loro gesti raccontano, i timbri di luce che riverberano in tutti questi ritratti.

Una luce che è modellata dall'ora del giorno e dalla stagione dell'anno (è primavera, o forse estate?), ma che sopravvive alla transitorietà del momento, eccede i limiti dell'inquadratura. È la luce in cui le donne si radunano in cortile a filare la lana o le trame della vita, in cui gli uomini si trasformano in spiriti animali. La luce dei miti e delle leggende, antica e piena di grazia; in cui i segreti vengono svelati, ma mai davvero risolti. Ciò che resta è un senso di sintonia, il loro orgoglio e la tua riverenza, che non riesco a descrivere, in cui posso solo identificarmi.

Sono andata a stamparle in una copisteria. Gestita da due donne, ci vado per la pazienza delle loro mani e la cadenza delle loro voci. La dolcezza con cui parlano a queste macchine, come se fossero qualcosa di vivo (creature accondiscendenti, ma che rifiutano di farsi mettere fretta). Una di loro stava dando dei colpetti alla capricciosa stampante a colori da cui aspettava, come me, che emergesse una stampa di prova. I *Merdules* sardi. Gemelli macabri, con le loro inscrutabili maschere di legno, vestiti con pelli di pecora bianche e arruffate, bastoni in mano. Ho guardato il suo viso mentre li ispezionava. Attento, in ascolto. 'Mi ricordano casa,' ha detto dopo una lunga pausa.

Quando ero pronta per pagare, si era già radunato un gruppetto attorno alle immagini. Due bambini facevano avanti e indietro tra buoi e cervi umani, catturati dai volti cosparsi di fuliggine di alcuni, per poi accarezzare, quasi con cautela, i petti appesantiti dalle campane e le schiene cariche di ossa di altri. Seguendo le loro piccole dita, il resto di noi è caduto in silenzio, anelando il clangore di un luogo lontano.

Creature fatte di sogni e incubi, insieme alle terre che le hanno generate. Le appendo in gruppi o separate dalle altre. I diavoli di Prizzi ora sono in soggiorno. Uno sulla porta, due sopra al tavolo. Tramano dispetti. Coi loro larghi denti enormi e le criniere stropicciate (sormontate da due corna), sembrano i *Wild Things*,[1] in cerca della loro foresta. Che in questo caso è un paese montano, costruito con le stesse pietre che calpestano nelle foto. Mi piace tenerli vicini. Forse per accorciare le distanze tra il loro mondo e il mio: mentre vagano per strada a Pasqua, a caccia di persone che, a loro volta, provano a nascondersi. Quello che temono, però, non sono i diavoli stessi, ma l'essere trascinati nei bar, dove, una volta superata la soglia, devono pagare da bere a tutti. Il diavolo si è sempre nascosto nei dettagli.

Più tempo passo con queste fotografie, più mi rendo conto che mi sento meno sola. Ogni mattina, la prima faccia che vedo è quella di una giovane donna. Una *Arbëreshë* dagli occhi a mandorla e il sorriso indagatore, ammaliante e pieno di promesse. Una donna, all'incrocio tra due culture (Albanese e Siciliana), che presenta il suo vestito. Osservo le pieghe del corpetto vellutato, le decorazioni botaniche su polsini e risvolti, la gonna di seta, e gli intricati motivi incisi sulla preziosa cintura. Di che colore sono? Ogni elemento è un'isola in sé, cucita da una storia di migrazione, che sutura i secoli. Un vestito che è come una mappa, intrecciata con la flora dell'appartenenza.

In che momento sono diventata parte di questa cartografia di sguardi e del paese emotivo che tracciano? Sono troppo coinvolta per dirlo. Ciò che posso dirti invece è che ha qualcosa a che vedere con la permanenza e la precarietà inscritte nelle tue fotografie, Alys. Con uno speciale tipo di magia che comprende l'atto di guardare e quello di essere guardati. Con la necessità di arrendersi a entrambi, per apprezzare queste immagini non solo come ritratti di persone e paesaggi, ma come totem di un rituale a sé stante. Convocati davanti alla tua macchina fotografica, questi diavoli e santi, sciamani e bestie, si riuniscono per dichiarare una cosa: che sono vivi! Il loro orgoglio e la tua riverenza, ancora presenti. Una sintonia che onora le isole che abitiamo per preservare ciò che conteniamo. Sta lì il mistero, non è vero?

1 Si fa qui riferimento al libro *Where the Wild Things Are* di Maurice Sendak, un album illustrato per ragazzi pubblicatoper la prima volta in Italia nel 1969 da Emme Edizioni, con il titolo di *Nel paese dei mostri selvaggi.*

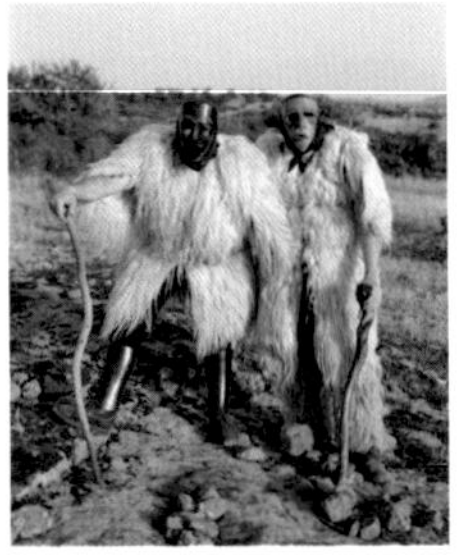

Sos Merdules, Ottana
Sardinia/Sardegna

Northern coastline of Sicily/
Costa siciliana settentrionale
Sicily/Sicilia

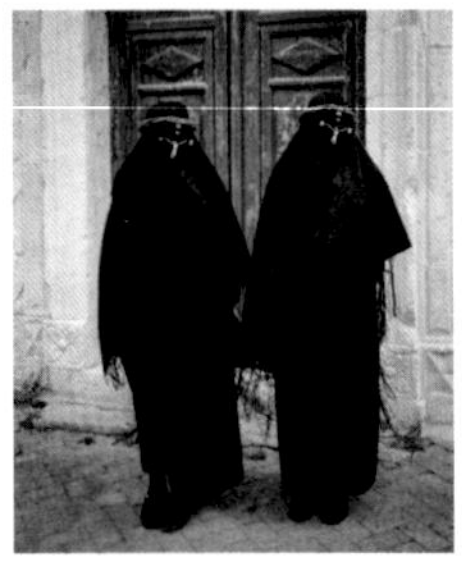

Le Maddalene,
Militello Rosmarino
Sicily/Sicilia

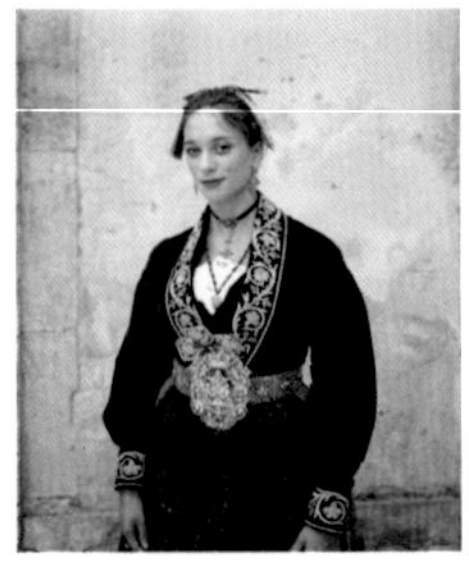

Ceremony traditional dress/
Vestito tradizionale da festa,
Piana degli Albanesi
Sicily/Sicilia

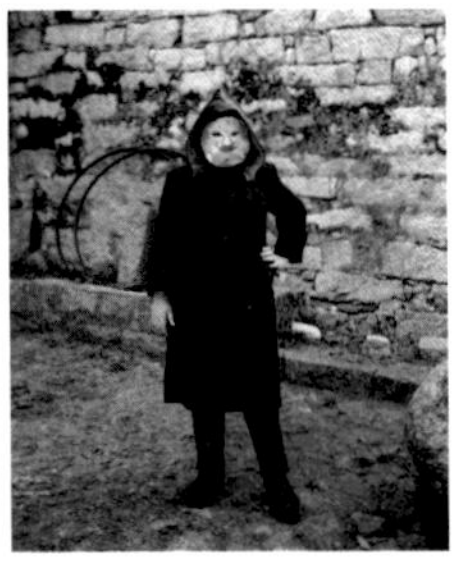

Su Maimone, Sarule
Sardinia/Sardegna

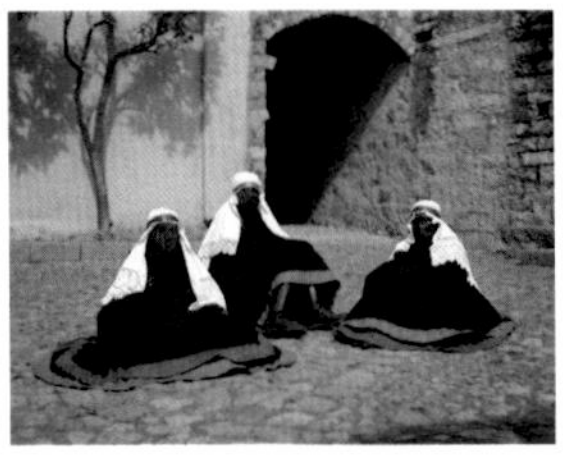

Maschere a Gattu, Sarule
Sardinia/Sardegna

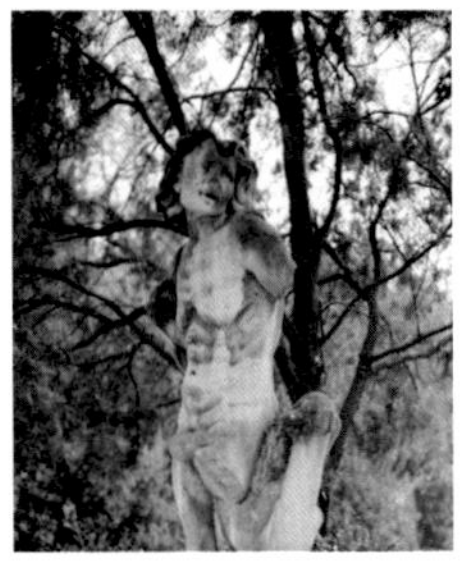

Giardini, Castello
Venice/Venezia

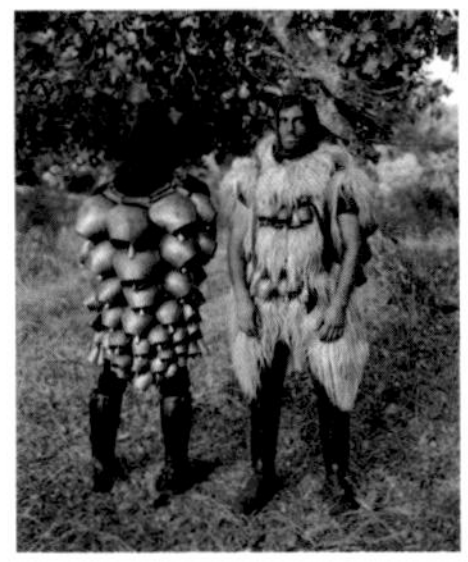

Is Sonaggiaos, Ortueri
Sardinia/Sardegna

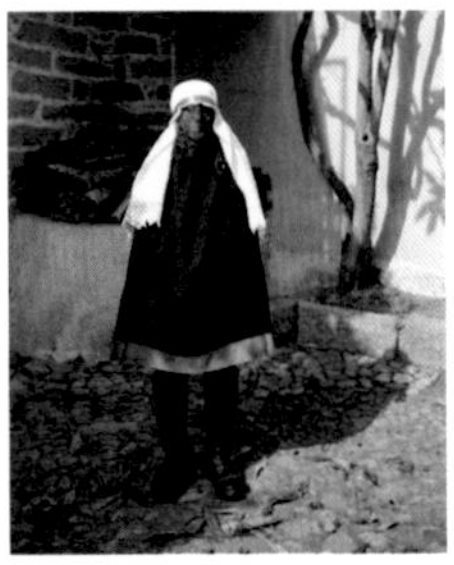

Maschera a Gattu, Sarule
Sardinia/Sardegna

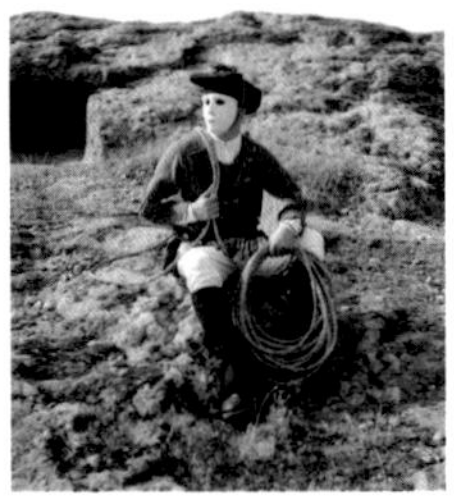

Issohadore, Mamoiada
Sardinia/Sardegna

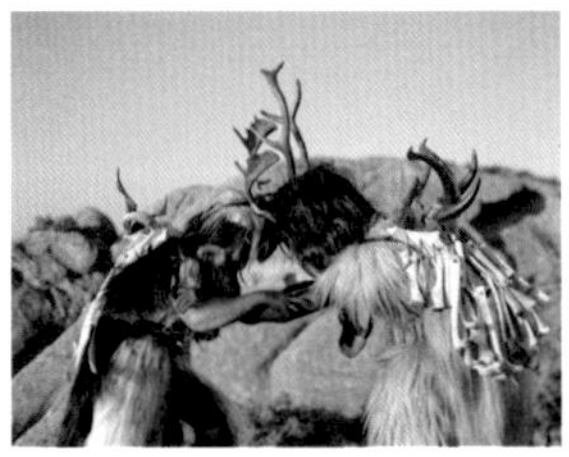

Sos Corriolos, Neoneli
Sardinia/Sardegna

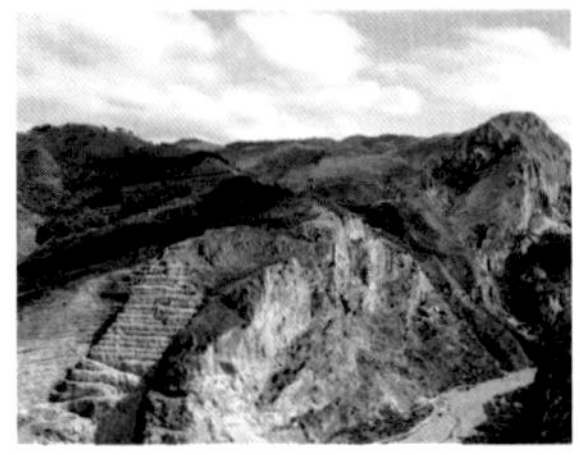

Quarry and mountains near Militello
Rosmarino/Cava e montagne vicino
a Militello Rosmarino
Sicily/Sicilia

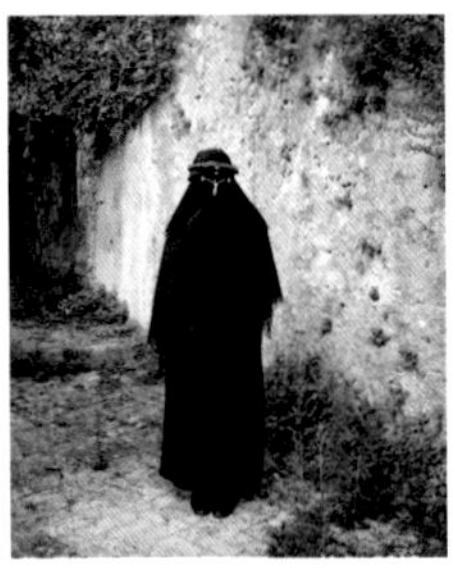

Maddalena, Militello
Rosmarino
Sicily/Sicilia

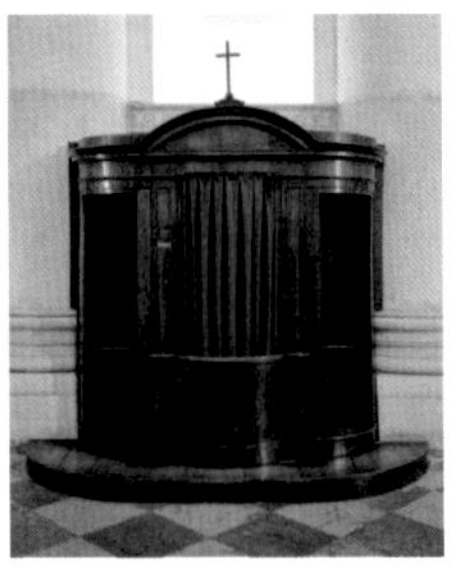

Confessional/
Confessionale,
Il Redentore, Giudecca
Venice/Venezia

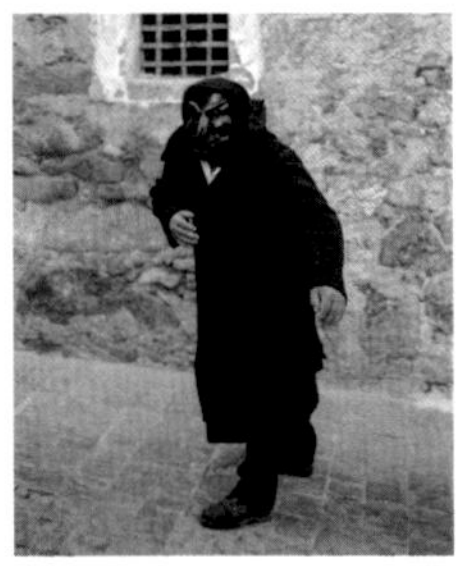

Su Bumbone, Ollolai
Sardinia/Sardegna

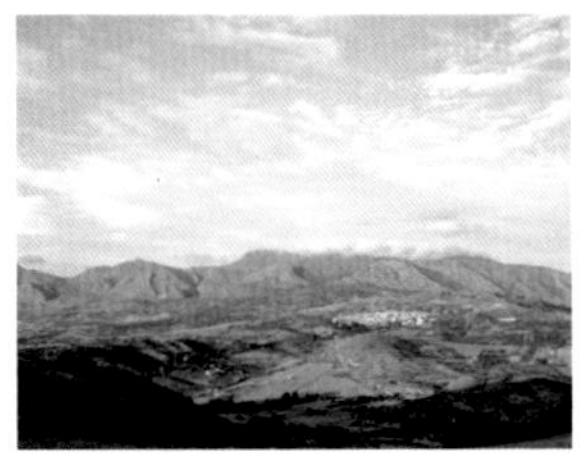

Landscape around Prizzi/
Paesaggio nei pressi di Prizzi
Sicily/Sicilia

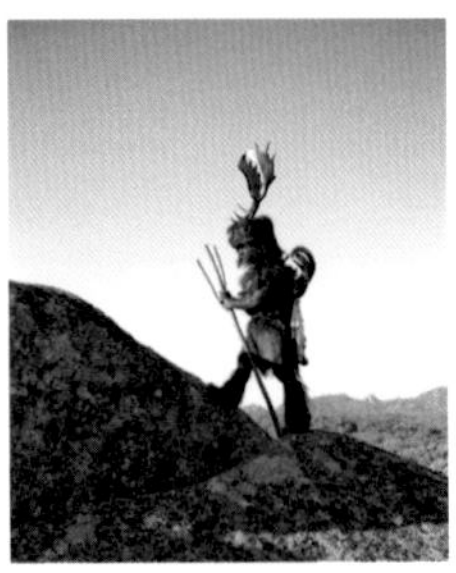

Sos Corriolos, Neoneli
Sardinia/Sardegna

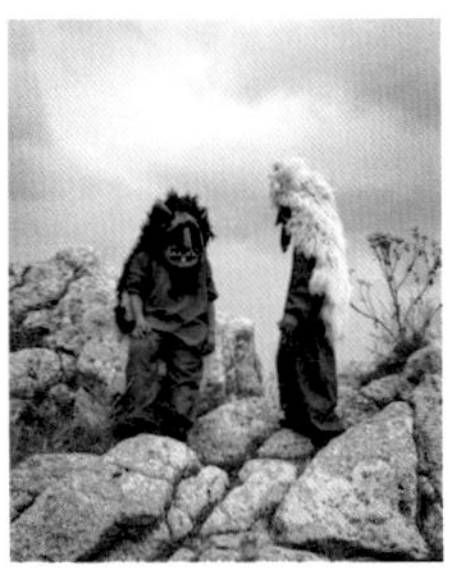

I Diavoli, Prizzi
Sicily/Sicilia

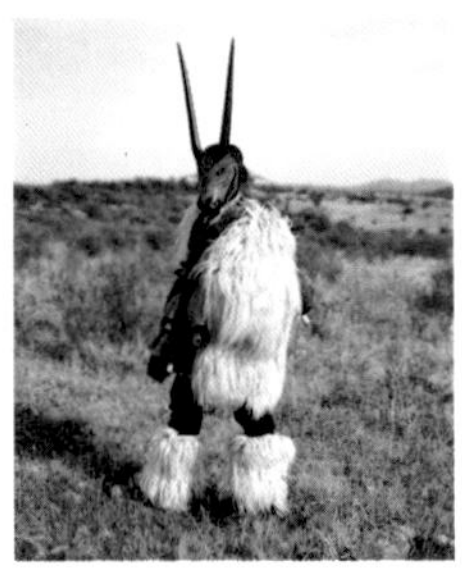

Su Boe, Ottana
Sardinia/Sardegna

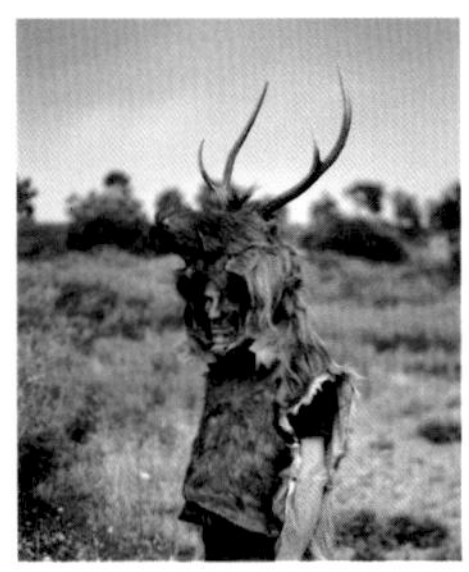

Is Cerbus, Sinnai
Sardinia/Sardegna

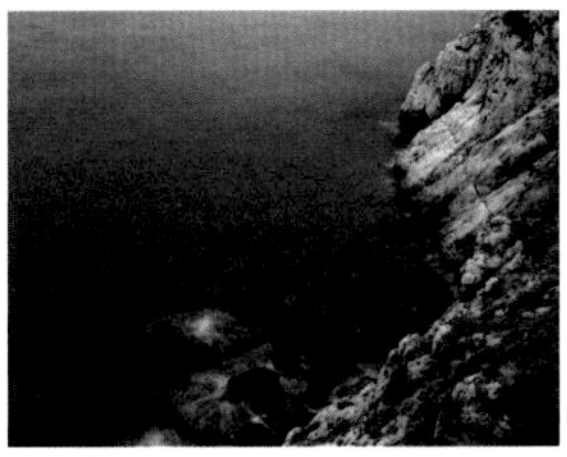

Coastline Capo Zafferano/
Costa Capo Zafferano
Sicily/Sicilia

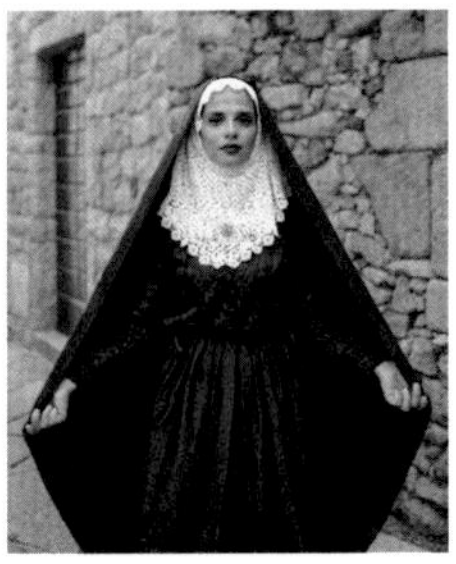

La Donna 'Faldetta Cupaltata,' Tempio Pausania
Sardinia/Sardegna

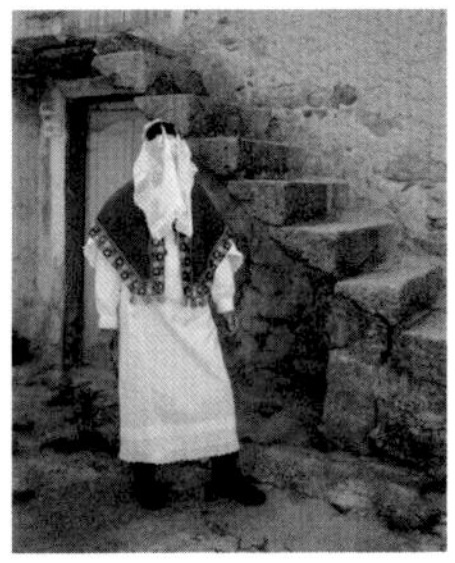

Su Turcu, Ollolai
Sardinia/Sardegna

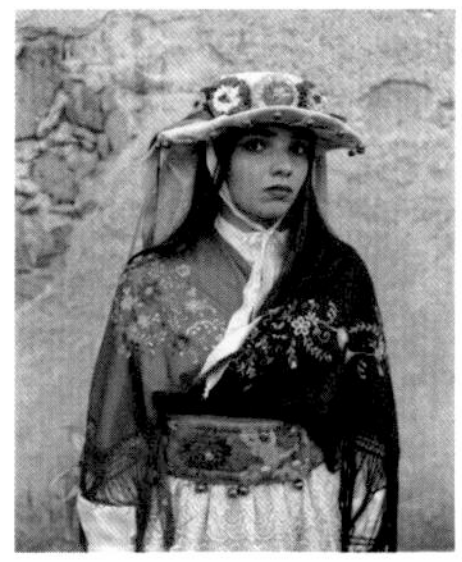

Maschera 'e Cuaddu, Neoneli
Sardinia/Sardegna

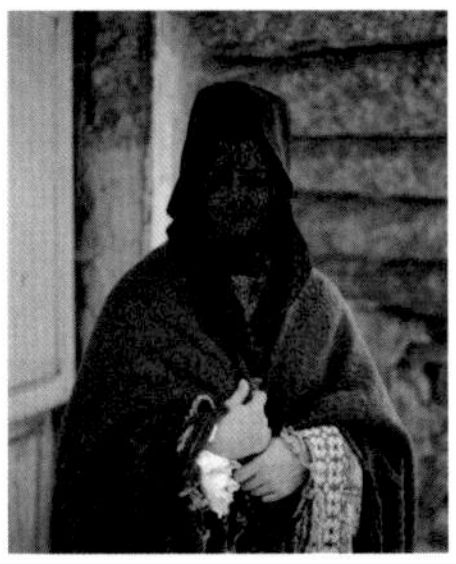

Maria Vrassada, traditional mask/Maria Vrassada, maschera tradizionale, Ollolai
Sardinia/Sardegna

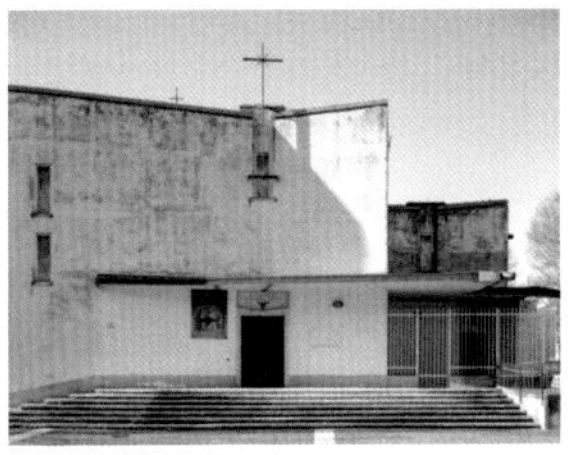

Church of San Gerardo Sagredo/ Chiesa di San Gerardo Sagredo, Giudecca
Venice/Venezia

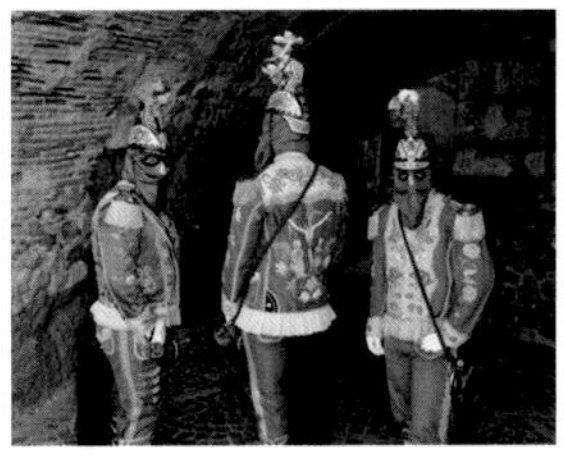

I Giudei, San Fratello
Sicily/Sicilia

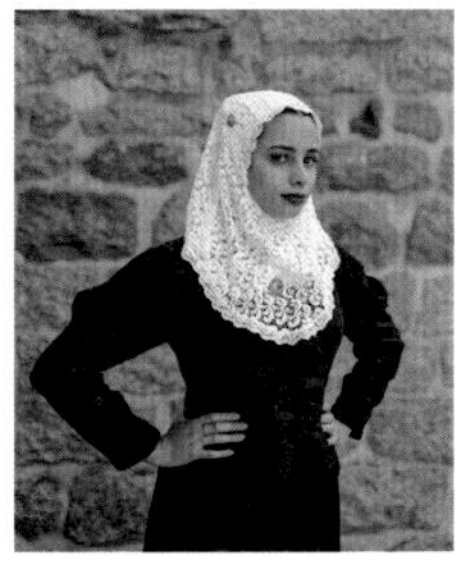

Traditional dress/Abito tradizionale, Tempio Pausania
Sardinia/Sardegna

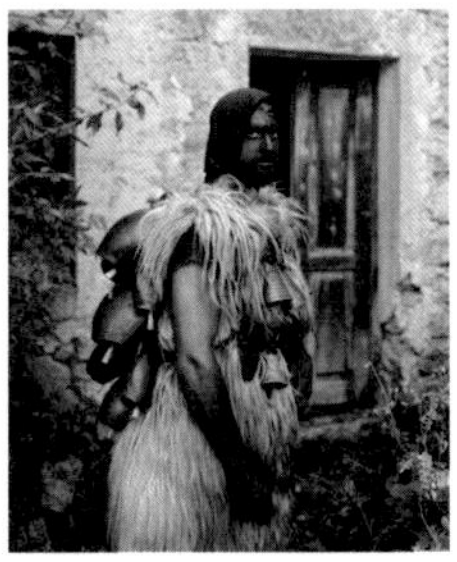

Su Sonaggiau, Ortueri
Sardinia/Sardegna

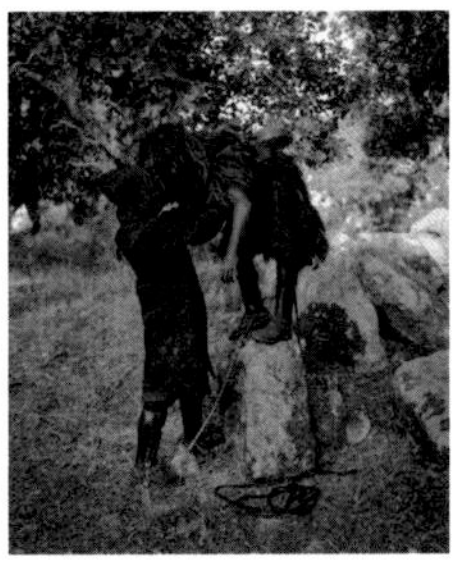

Su Ommadore e S'Urtzu, Ortueri
Sardinia/Sardegna

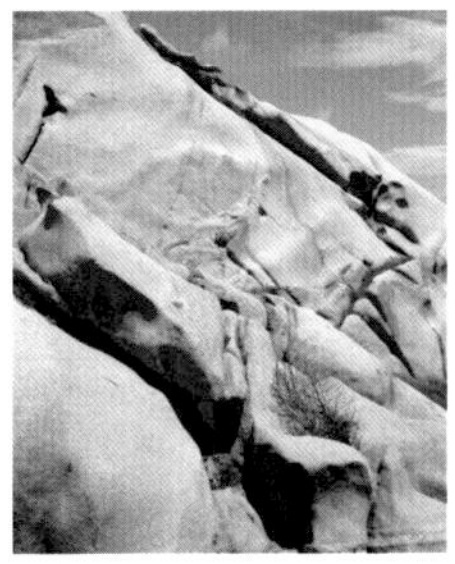

Rock formations at Capo Testa/Formazioni rocciose a Capo Testa
Sardinia/Sardegna

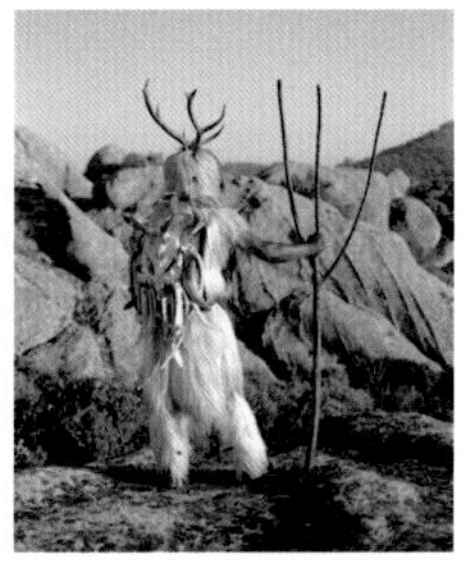

Sos Corriolos, Neoneli
Sardinia/Sardegna

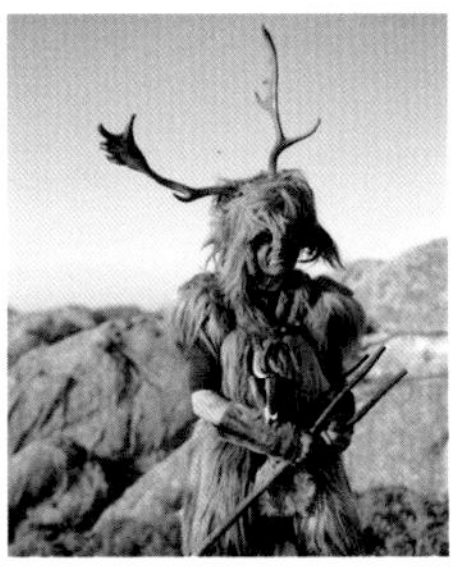

Sos Corriolos, Neoneli
Sardinia/Sardegna

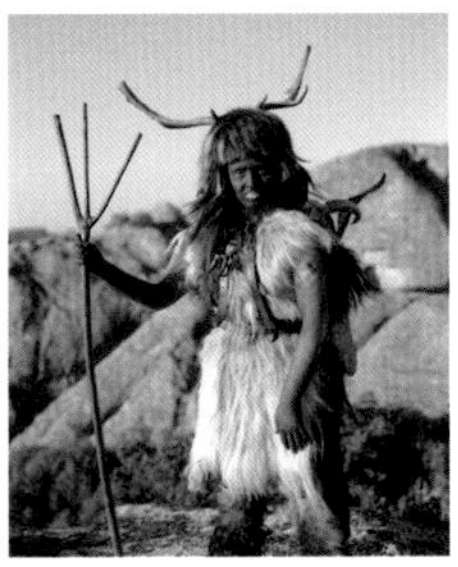

Sos Corriolos, Neoneli
Sardinia/Sardegna

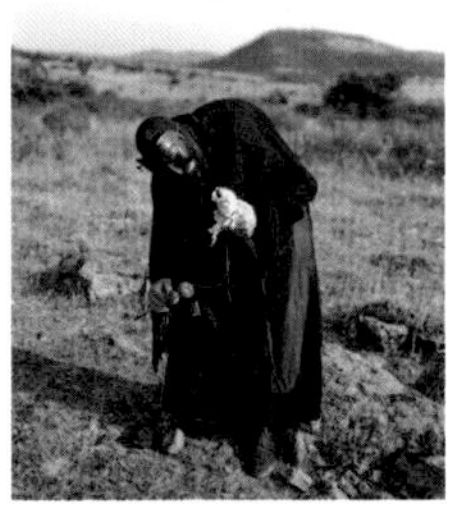

Sa Filonzana, Ottana
Sardinia/Sardegna

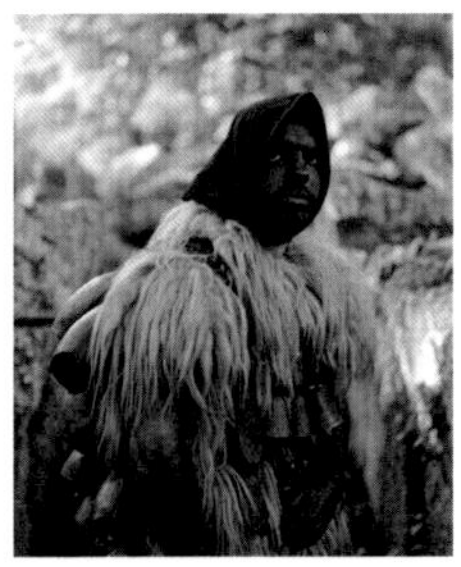

Su Sonaggiau, Ortueri
Sardinia/Sardegna

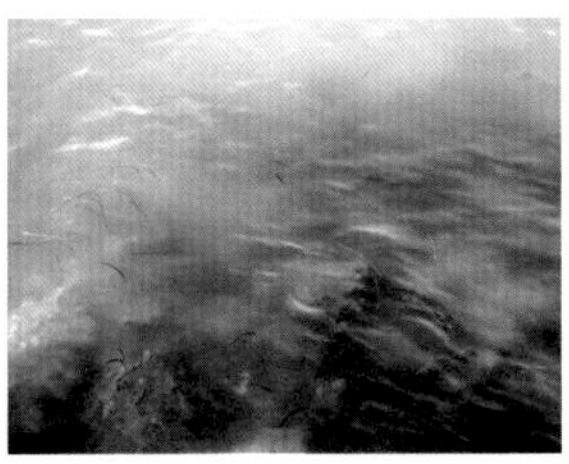

Water, Venetian Lagoon/L'acqua, Laguna di Venezia
Venice/Venezia

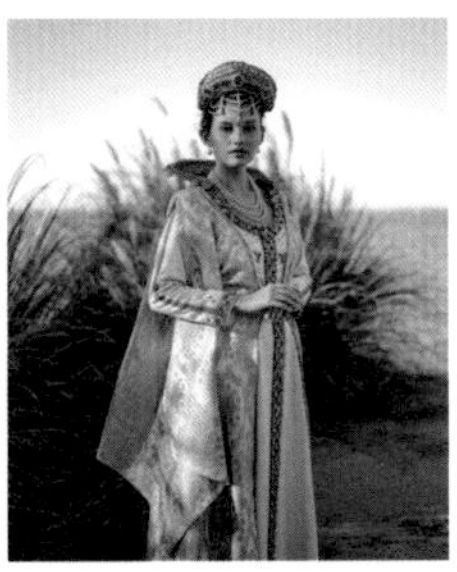

The Queen, traditional costume/La Regina, costume tradizionale
Venice/Venezia

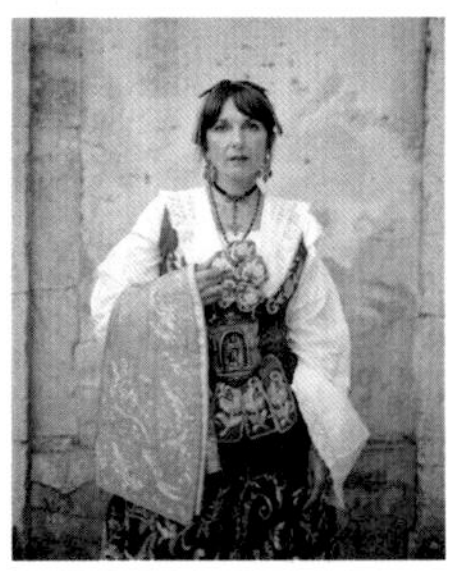

Grand Gala traditional dress/ Vestito tradizionale da Gran Gala, Piana degli Albanesi
Sicily/Sicilia

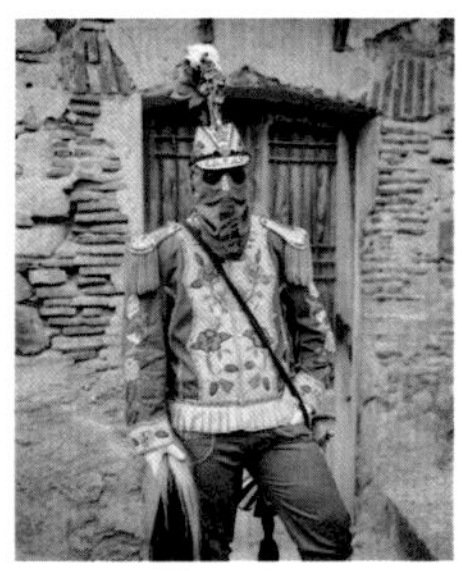

I Giudei, San Fratello
Sicily/Sicilia

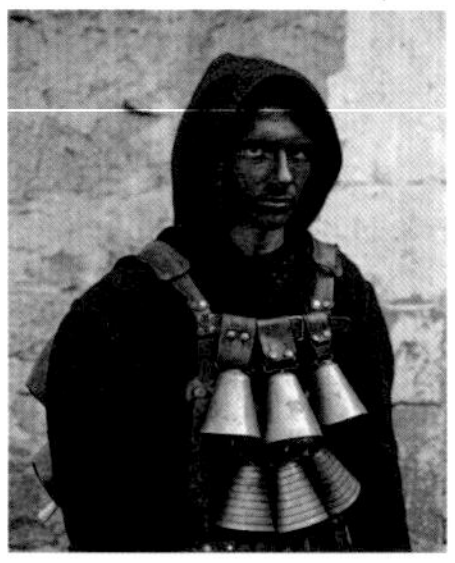
Su Ommadore, Ortueri
Sardinia/Sardegna

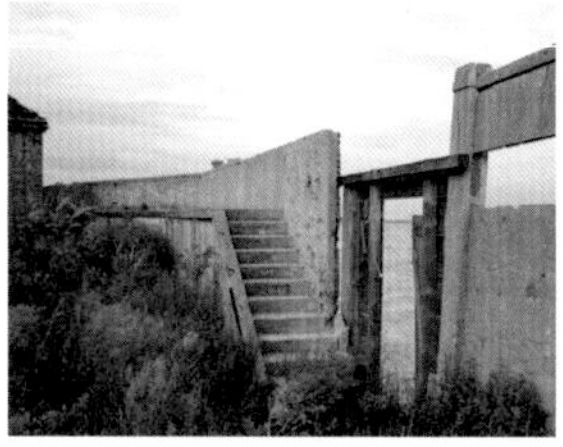
Abandoned island, Venetian Lagoon/Isola abbandonata, Laguna di Venezia
Venice/Venezia

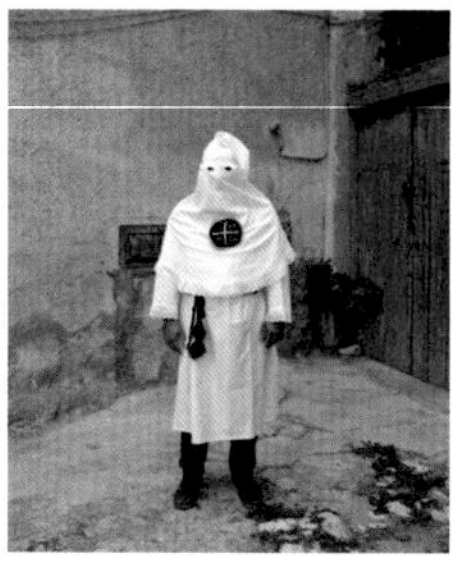
L'Incappucciato, Mezzojuso
Sicily/Sicilia

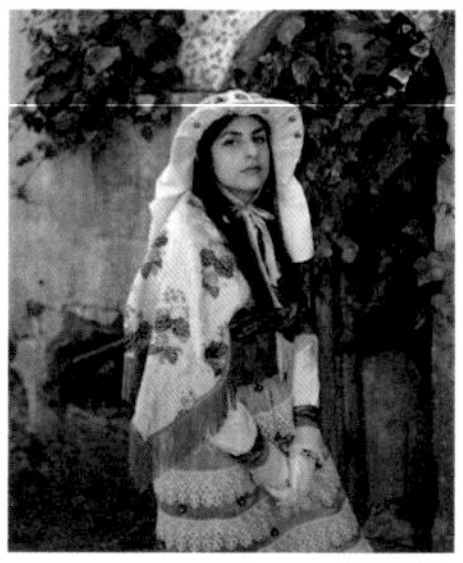
Maschera 'e Cuaddu, Neoneli
Sardinia/Sardegna

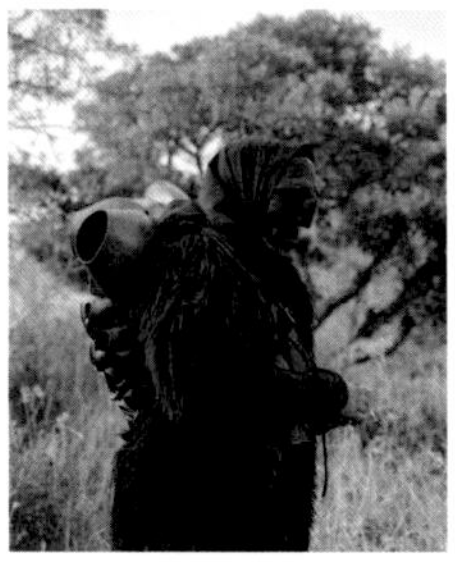
Mamuthone, Mamoiada
Sardinia/Sardegna

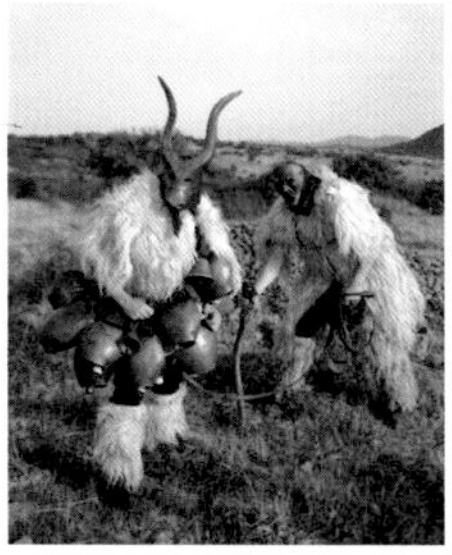
Su Boe e Su Merdule, Ottana
Sardinia/Sardegna

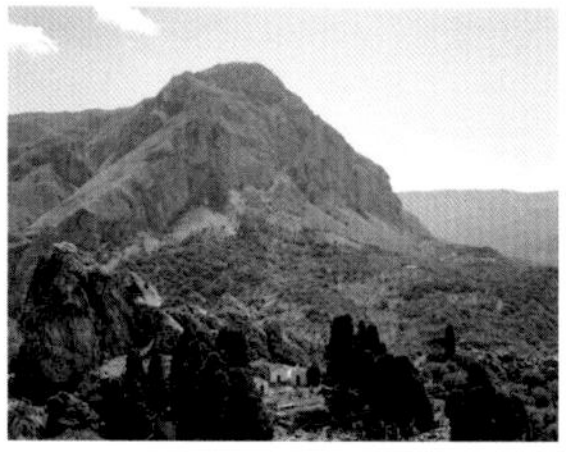
Cemetery at Militello Rosmarino/ Cimitero a Militello Rosmarino
Sicily/Sicilia

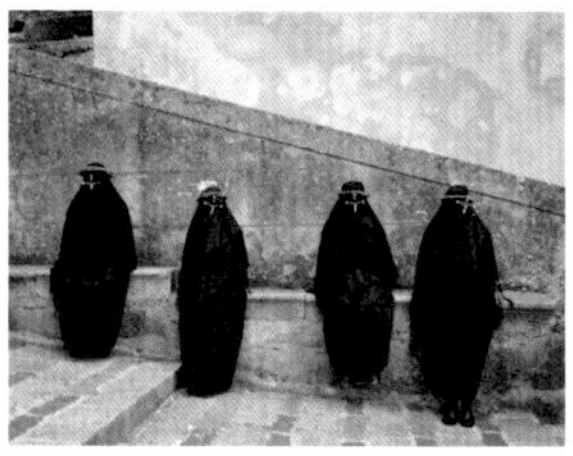
Le Maddalene, Militello Rosmarino
Sicily/Sicilia

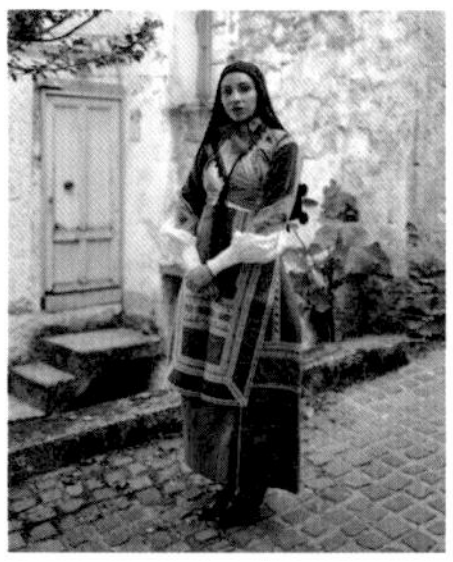
Traditional costume/ Costume tradizionale, Desulo
Sardinia/Sardegna

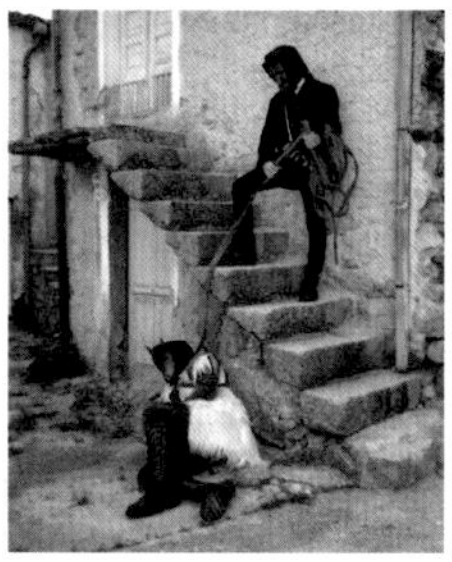
Su Beccu e Su Aprarzu, Ollolai
Sardinia/Sardegna

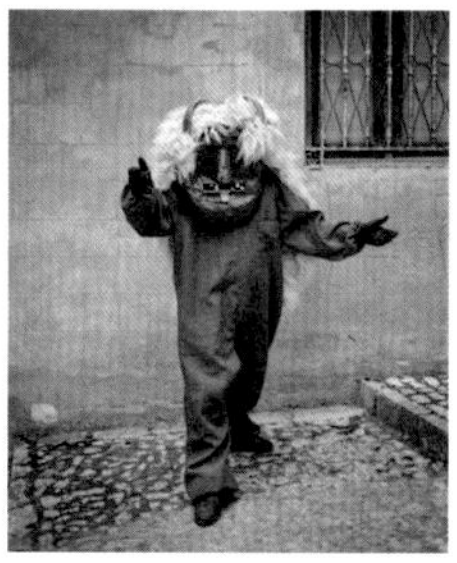
Il Diavolo, Prizzi
Sicily/Sicilia

Thank you/Grazie

Sardegna

Rita Mele - Museo delle Maschere Mediterranee; Elisa Niola; SINNAI: Associazione Is Cerbus di Sinnai, Paolo Sedda, Marco Cazzula, Maurizio Manca, Paola Asuni - presidente Pro Loco Sinnai; ORTUERI: Associazione I Sonaggiaos e s'Urtzu di Ortueri, Gabriele Meloni, Marco Crobu, Pietro Carta, Giuseppe Murru, Lorenzo Onali, Alessandro Murru, Francesco Casula; SARULE: Associazione Mascara a Gattu e Maimones di Sarule, Pierina Vera - presidente, Gonaria Pira, Paola Cheri, Giovanna Pirisi, Giovannai Boneddu, Crisitina Licheri; OTTANA: Associazione Gruppo Boes e Merdules di Ottana, Mario Sedda - presidente, Fabrizio Puggioni - vice presidente, Omar Unida, Marco Zedde, Sandro Soro, Guido Lai; MAMOIADA: Mamuthones e Issohadores Pro Loco di Mamoiada, Fabrizio Gungui, Luca Gungui, Andrea Puggioni, Sandro Puggioni; DESULO: Comune di Desulo, Daniela Melis, Marina Maccioni, Martina Deidda, Federico Manni; OLLOLAI: Gruppo folk 'Balladores' di Ollolai, Valeria Daga - presidente, Riccardo Soro, Pietro Ladu, Pietro Bussu, Salvatore Daga, Samuele Garau, Antioca Frau, Sandra Cottu, Toma Shulha; NEONELI: Associazione Sos Corriolos de Neoneli, Alessandro Cossu - presidente, Felice Murgia, Tonio Masala, Elena Masala, Massimo Cadeddu, Arianna Cadeddu, Pierpaolo Cadeddu, Maria Onali, Angelica Masala, Maria Corda; TEMPIO PAUSANIA: Accademia Tradizioni Popolari Città di Tempio, Gabriele Addis - presidente, Michela Sulas, Giada Balata, Alice Demuro

Sicilia

PIANA DEGLI ALBANESI: Marisa Stassi, Chiara Scalia, Rosaria Stassi, Filippa Bennici; PRIZZI: Associazione Turistica Pro Loco 'Hippana' Prizzi, Giuseppe Girgenti, William Vallone, Filippo D'Angelo, Michele Pecoraro; MEZZOJUSO: Comitato Venerdi Santo di Mezzojuso, Giovanni Bua - presidente, Antonino Giuseppe Schiro', Pina Cucca, Dora Buccola, Vittoriano Buccola, Nicola Perniciaro; SAN FRATELLO: Associazione Militari in Congedo, Alfredo Craco' - presidente, Salvo Craco', Salvatore Craco'; MILITELLO ROSMARINO: Comitato festeggiamenti San Giuseppe e Pasqua Antonio Araca, Maria Aurora Riotta, Serena Amata, Maria Pia Femminella, Assunta Restifo, Salvatore Blogna, Nino Restifo

Venezia

Paolo de Grandis; Elena Barilova; Elisa Andreoli - Ass. Serenissimo Tribunal dell'Inquisithion; Roberto Scarpa - Comune di Venezia; Andrea Rossi - Veritas; Damiano Caniglia - Veritas; Fabio Barbierato - Comune di Venezia; Stefano Zabotto - Comune di Venezia

For Hanja/Per Hanja

Thank you to the islanders who allowed me to experience traditions so close to their hearts.

Grazie agli isolani che mi hanno permesso di vivere tradizioni così vicine ai loro cuori.

ACKNOWLEDGEMENTS/RINGRAZIAMENTI
Opening quote reproduced with kind permission from Theresa Maggio 'The Stone Boudoir' (Headline Review, 2002, p185)/Citazione in apertura riprodotta per gentile concessione di Theresa Maggio 'The Stone Boudoir' (Headline Review, 2002, p185)

CREDITS/RICONOSCIMENTI
Giovanna Stopponi for research and production in Sicily, Sardinia and Venice/Giovanna Stopponi per le ricerche e la produzione in Sicilia, Sardegna e Venezia

Maddalena Bertato for assisting on the first Venice trips/Maddalena Bertato per l'assistenza nei primi viaggi a Venezia

Michela Navolio for the essay translation/Michela Navolio per la traduzione del saggio

THANK YOU/GRAZIE
Andrea Bernardi
Bayeux Lab
Carol Allen-Storey
HackelBury Fine Art
Jane Hilton
Liz Hingley
Lydia Dorner and the Prix Elysée
Mike Crawford at Lighthouse Darkroom
Nick Wills
Rowan Tomlinson
Sabrina Mandanici
The Emmas
The Photobook Club
Tom Booth Woodger

Stu Smith and the team at GOST Books

Gli Isolani (The Islanders)
First published in 2022
by GOST Books, London

info@gostbooks.com
gostbooks.com

Translation from English to Italian:
Michela Navolio
Traduzione dall'inglese all'italiano:
Michela Navolio

Edited and designed by GOST:
Rossella Castello, Katie Clifford,
Gemma Gerhard, Justine Hucker,
Allon Kaye, Eleanor Macnair,
Claudia Paladini, Ana Rocha

Printed in Italy by EBS

British Library cataloguing-in-publication data.
A catalogue record of this book is available from the British Library.

ISBN 978-1-910401-76-7